近畿圏版 ⑩ **類似問題で効率のよい志望校対策を!**

大阪教育大学附属
平野小学校

ステップアップ問題集

2022
年度版

志望校の出題傾向・意図をおさえた豊富な類似問題で合格後の学習にも役立つ力が身に付く!!

●すぐに使える **プリント式!**　●全問 **アドバイス付!**

必ずおさえたい問題集

大阪教育大学附属平野小学校

お話の記憶	1話5分の読み聞かせお話集①②
常識	Jr・ウォッチャー56「マナーとルール」
常識	Jr・ウォッチャー12「日常生活」、34「季節」
巧緻性	Jr・ウォッチャー51「運筆①」、52「運筆②」
行動観察	Jr・ウォッチャー29「行動観察」

全30問収録!

日本学習図書 ニチガク

目指せ！合格！

家庭学習ガイド
大阪教育大学附属平野小学校

運動　ペーパー　巧緻性　口頭試問　行動観察　保護者面接

入試情報

応募者数：男女　129名
出題形式：ペーパー、ノンペーパー、個別テスト
面　　接：志願者・保護者面接
出題領域：ペーパー（記憶、常識、図形など）、巧緻性、口頭試問（個別）、行動観察（集団、音楽）

入試対策

当校の入試はペーパーテスト＋巧緻性テスト＋行動観察＋口頭試問という形式で行われます。ペーパーテストでは特に難易度が高い出題はなく、頻出分野である「記憶」「常識」「図形」をはじめとする各分野の基礎的な学力を身に付けておけば、充分対応できるでしょう。ただし、ペーパーテストや巧緻性テスト、口頭試問など、ジャンルの違う課題が、１つのお話をから出題されるという変わった形式なので実際の問題を解き、慣れておいた方おいてください。また、筆記用具も１つのカゴから指示された道具を取り出して使い、問題ごとに取り替えます。こちらもかなり独特ですが、模擬試験のようにその形式で経験しておけば、たいていのお子さまはあわてないようです。

●巧緻性テストは「線なぞり」と「塗る」課題が出題されました。ここ数年の出題内容は一定ではありませんが、「切る」「貼る」「塗る」「折る」といった基本的な作業が中心です。

●面接（志願者には口頭試問）は、志願者・保護者が同じ教室で別々に行われます。保護者には「進学について特別な指導をしないことを知っているか」「交通マナーについての家庭ではどのような指導をしているか」などの質問や、学校をよりよくするための意見を求める質問がありました。こうした質問に「特にない」と答えるとよい印象がよくないので、準備をして何かしら答えられるようにしてください。

「大阪教育大学附属平野小学校」について

＜合格のためのアドバイス＞

本校は、大阪教育大学に３校ある附属小学校の中で唯一附属幼稚園があり、内部進学の関係上、ほかの２校に比べ、募集人数が少なくなっています。

教育目標として「ひとりで考え、ひとと考え、最後までやり抜く子」を掲げており、自発的に学習に取り組む主体性、友だちと支え合い高め合える協調性、創造的で粘り強い追究心を育てることを目指しています。

2021 年度の入学選考は、２日間に渡って行われ、**ペーパーテスト、巧緻性テスト、行動観察、面接**が行われました。

１日目のペーパーテストでは、**記憶・常識・図形・巧緻性テスト**などが出題されました。それぞれの問題は難しくないので、基礎をしっかり固めていれば難なく解ける問題です。そのため、どの志願者も正解率が高くなってくるでしょうから、ケアレスミスがないようにしっかりと対策を取っておきましょう。

２日目には**面接、行動観察**が行われました。保護者、志願者いっしょに入室しますが、名前を言った後は、同教室の別々の場所で面接を受ける形式です。保護者には、学校をよりよいものにするための意見を求める質問があり、志願者には、先生とゲームをするほか、いくつか質問がされました。また、行動観察はさまざまな課題が出されています。音楽リズム（「ピクニック」を歌う）、運動（なわとびを跳ぶ）のようなこの年齢なら対策を取る必要のないやさしい課題などです。

試験全体を通して、指示を聞く力、思考力、自分の考えを発信する表現力がポイントと言えます。与えられた指示に的確に答えていく力が必要となります。対策としては、日常生活の中で、何か指示を出す際に１度に複数の指示を出す、１度しか言わない、復唱させるなどして、「聞く力」を高めましょう。また、お子さまが日々発する「どうして」を大切にし、お子さまが自分で考え、自分の言葉で伝えるよう指導していきましょう。

〈2021 年度選考〉

◆ペーパーテスト
◆巧緻性
◆行動観察（集団）
◆面接（保護者・志願者）
◆口頭試問（志願者）

◇過去の応募状況

2021 年度 男女 129 名
2020 年度 男子 57 名 女子 58 名
2019 年度 男女 139 名

入試のチェックポイント

◇受験番号は…「当日抽選」
◇生まれ月の考慮…「なし」

〈本書掲載分以外の過去問題〉

◆運動：なわとびを跳んでください。
◆運動：かごにめがけて玉を投げてください。
◆行動観察：ピクニックを足踏みをしながら歌ってください。
◆行動観察：折り紙を筒状にして、タワーを作ってください。
◆行動観察：模造紙に好きな絵を描いてください。

大阪教育大学附属
平野小学校

ステップアップ問題集

〈はじめに〉

現在、少子化が叫ばれているにもかかわらず、有名私立・国立小学校には一定の受験者が応募します。このような状況では、ただやみくもに練習をするだけでは合格は見えてきません。志望校の過去における出題傾向を研究・把握した上で、練習を進めていくこと、その上で試験までに志願者の不得意分野を克服していく事が必須条件です。そこで、本問題集は小学校を受験される方々に、志望校の出題傾向をより詳しく知って頂くために、過去に遡り出題頻度の高い問題を結集いたしました。最新のデータを含む精選された過去問題集で実力をおつけください。

また、志望校の選択には弊社発行の「**2022年度版　近畿圏・愛知県　国立・私立小学校　進学のてびき**」をぜひ参考になさってください。

〈本書ご使用方法〉

◆出題者は出題前に一度問題を通読し、出題内容などを把握した上で、〈**準　備**〉の欄に表記してあるものを用意してから始めてください。

◆お子様に絵の頁を渡し、出題者が問題文を読む形式で出題してください。但し、問題を読んだ後で、絵の頁を渡す問題もありますのでご注意ください。

◆「**分野**」は、問題の分野を表しています。弊社の問題集の分野に対応していますので、復習の際の目安にお役立てください。

◆描画や工作、常識などの問題については、解答が省略されているものが一部あります。お子様の答えが成り立つか、出題者が各自でご判断ください。

◆〈**時　間**〉につきましては、目安とお考えください。

◆**学習のポイント**は、指導の際にご参考にしてください。

◆**【おすすめ問題集】**は各問題の基礎力養成や実力アップにご使用ください。

〈本書ご使用にあたっての注意点〉

◆文中に **この問題の絵は縦に使用してください。** と記載してある問題の絵は縦にしてお使いください。

◆〈**準　備**〉の欄で、クーピーペンと表記してある場合は12色程度のものを、画用紙と表記してある場合は白い画用紙をご用意ください。

◆文中に **この問題の絵はありません。** と記載してある問題には絵の頁がありませんので、ご注意ください。尚、問題の絵の右上にある番号が連番でなくても、中央下の頁番号が連番の場合は落丁ではありません。
下記一覧表の●がついている問題は絵がありません。

問題１	問題２	問題３	問題４	問題５	問題６	問題７	問題８	問題９	問題10
問題11	問題12	問題13	問題14	問題15	問題16	問題17	問題18	問題19	問題20
問題21	問題22	問題23	問題24	問題25	問題26	問題27	問題28	問題29	問題30
									●

2021年度募集日程

2020～2021年実施済みの日程です。
2022年度募集日程とは異なりますのでご注意ください。

【説明会】　2020年11月19日

【願書配布】　2020年11月19日～12月８日

【出願期日】　2020年12月25日、28日

【選考日時】　2021年１月20日、21日

【検定料】　3,300円

【選考内容】　ペーパーテスト：お話の記憶、常識、図形、推理　など
巧緻性：なぞる、塗る、貼る　など
行動観察（集団）：模倣体操、ボウリングゲームなど
口頭試問：あるシチュエーションについての質問、
大人になったら何になりたいか　など

2021年度募集の応募者数等

【募集人員】　男女105名（内部進学者55名を含む）

【応募者数】　男女129名

【合格者数】　男女105名（内部進学者50名を含む）

2022年度募集日程予定

募集日程は予定ですので、変更される可能性もあります。
日程は、必ず事前に学校へお問い合わせください。

【説明会】　2021年11月18日

【願書配布】　2021年11月18日～12月10日

【出願期日】　2021年12月22、23日

【選考日時】　2022年１月19、20日

【検定料】　3,300円

【合格発表】　2022年１月21日

(得) 先輩ママたちの声！

◆実際に受験をされた方からのアドバイスです。
是非参考にしてください。

大阪教育大学附属平野小学校

・1日目の朝、封筒を引き、考査番号が決定され、その番号が書かれた札が渡されます。考査番号札に終了印を押すところが4ヶ所あり、1日目に2ヶ所押され、2日目も持参し、終了後、保護者票といっしょに返却することになっています。番号札をなくさないように注意してください。

・ペーパーテストでは、机の上にはカゴがあり、ペンやクレヨンなど試験中に使うものが入っていました。それぞれの問題で、その都度、何を使うか指示があったそうです。また、使わないものや使い終わったものはカゴの中にしまうように指示があったそうなので、ふだんから使い終わったらしまうクセを付けておくとよいと思います。

・ペーパーテストの後、次の準備までの間に「静かに待ちましょう」という指示がありましたが、おしゃべりをしていたり、走り回ったりしている子どもがいて、先生に注意されたそうです。

・体育館には椅子がなく、床に座るので、座布団などを持参された方がよいでしょう。

・面接は親子いっしょに入室しますが、子どもと親は両端2ヶ所に分かれて別々に面接を受けました。子どもは4ピースのパズルを完成させた後、家庭教育でどのように指導されているかを観るような質問をされました。家庭でのコミュニケーション、躾などでも、子ども自身に考えさせることを意識して教育をされるとよいのではないかと思いました。

・保護者の面接は5～6分で、「学校をよりよいものにするため、いろいろな意見を伺っています。アンケートのようなものですので、お気軽にお答えください」という言葉で始まりました。

・ペーパーテストでも行動観察でも、細かく指示が出されますので、注意深く聞けるように、ふだんのお手伝いから実践して臨みました。

◎学習効果を上げるため、前掲の「家庭学習ガイド」及び「合格のためのアドバイス」をお読みになり、各校が実施する入試の出題傾向を、よく把握した上で問題に取り組んでください。
※冒頭の「本書のご使用方法」「ご使用にあたっての注意点」も併せてご覧ください。

※問題1～8は続けて行ってください。

問題１　分野：お話の記憶

〈準　備〉　赤鉛筆

〈問　題〉　お話を聞いて後の質問に答えてください。

今日はハルカちゃんの家族とおじいちゃん、おばあちゃん、それに親戚のトモコちゃんの家族でお花見に行きます。ハルカちゃんの家族はお父さん、お母さんと４歳上のお姉さんがいます。昨日はみんなで、「雨になるのだけはいやだね」と言っていましたが、今日の朝は晴れていて、春らしい暖かな天気になりました。おじいちゃんは「お酒を飲むのが今から楽しみだよ」と言っています。
（問題１の絵を渡す）
ハルカちゃんたちが見に行くお花はどれでしょう。４つの中から選んで○をつけてください。

〈時　間〉　20秒

〈解　答〉　サクラ（左下）

学習のポイント

本問は「お話の記憶」です。当校では、お話をいくつかのパートに分けて、それぞれに記憶、数量、図形、常識やマナーなどの問題が出題されます。問題ごとのお話はそれほど長くないので、その場面を頭の中でイメージしながら聞くようにしましょう。まず１問目では、「誰が」がお話に登場し、「いつ」、「どこ」へ行き、「何を」するか、というお話の基本的な情報があるので、特に注意してください。本問では、「お花見」「春らしい」といった言葉に注意するということです。そもそも、お話の問題の基本的な対策は、毎日の読み聞かせを続けることと、そのお話の内容・人物などを理解し、記憶しているか確認することです。練習を繰り返すと、重要なフレーズが頭に残り、確認のためにどのような内容だったかたずねても答えられるようになるでしょう。

【おすすめ問題集】
１話５分の読み聞かせお話集①・②、お話の記憶 初級編・中級編・上級編、
Ｊｒ・ウォッチャー19「お話の記憶」

問題2　分野：常識（マナー・ルール）

〈準備〉　赤鉛筆

〈問題〉　おじいちゃん、おばあちゃん、そしてトモコちゃんの家族がハルカちゃんのお家に集まったので、いよいよ出発です。行き先の大きな公園のすぐ近くまで、電車に乗っていきました。電車にはほかにもお花見に行くお客さんがたくさん乗っていました。

（問題２の絵を渡す）
電車に乗った時に、マナーの良い子どもたちに○をつけてください。

〈時間〉　１分

〈解答〉　下図参照

学習のポイント

常識分野のうち、交通のルールやマナーについては、当校でもよく出題されています。国立・私立小学校に通学されるお子さまの場合、毎日の通学で公共交通機関を利用することも多くなります。保護者としても、お子さまの安全やマナーは不安ですが、それは小学校側も同様です。試験において、家庭でマナーの指導がなされているかを確認する意味で、こういった問題が出題されていると考えられます。「高齢者や赤ちゃん連れの人には席を譲る」、「電車の中では遊ばない」、「座席にきちんと座る」といった一般的な躾やマナー教育がなされていれば解答できる内容ですので、保護者自らが模範を示しながら日々実践・学習していくようにしましょう。また、絵の中でマナーが悪い子どもたちの行為がなぜいけないのか、ということをお子さま自身に考えさせるようにしてください。社会には「他人に迷惑をかけてはいけない」というルールがあります。何が良くて、何が悪いのか、具体的な行為を覚えるだけでなく、それらの意味が理解できると、さまざまな状況で対応できるようになるでしょう。マナーや常識は、小学校受験のためではなく、生活するために身に付けるようにしてください。

【おすすめ問題集】
Ｊｒ・ウォッチャー12「日常生活」、56「マナーとルール」

問題3　分野：図形（合成）

〈準 備〉　赤鉛筆

〈問 題〉　電車に乗っていると、トモコちゃんがかばんの中からおもちゃを取り出しました。図形を組み合わせるパズルのようなものでいっしょに遊びました。

（問題3の絵を渡す）
それぞれの段の区切り線の右側にある形を使って、左側にある形を作ろうとすると、1つだけ余るものがあります。その形に○をつけてください。

〈時 間〉　各20秒

〈解 答〉　下図参照

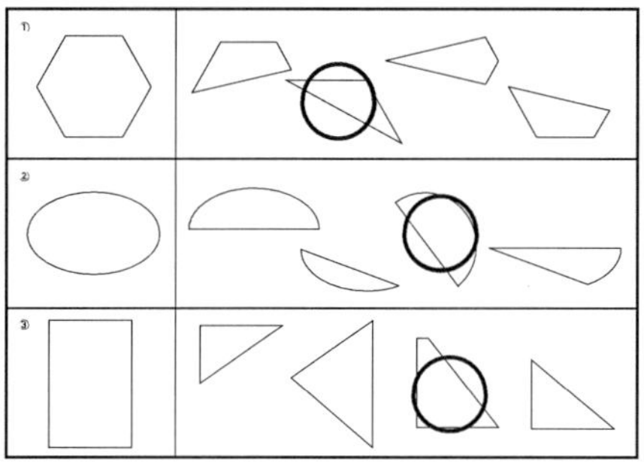

学習のポイント

図形分野の問題は、当校の入試において、ほぼ毎年出題されています。本問は、その中でも「図形の合成」と呼ばれる分野のものです。解き方のポイントは、図形の特徴を見つけることです。それほど難しい問題ではありませんが、細かい点まで観察し、答えを見つけるようにしましょう。例えば①の六角形は6つの角、②の楕円形は、横が長く、縦が短い曲線が特徴です。最も特徴的な図形を1つ見つけて、頭の中でパズルをするように左側の図形に当てはめてみましょう。①では、選択肢の右端の図形になりますが、1つ目の図形が見つかると、2つ目の図形は1つ目の図形につながる図形を見つければいいので比較的容易に見つけられるはずです。類題を解くのも図形の問題に強くなる手段の1つですが、まずは日常生活において周囲にあるものの観察を行なうことで、観察力を高めるトレーニングをしていきましょう。最初は紙を使用して、要素となる部分をハサミで切り、実際に形を作るところから始めます。具体物に触れることによって、イメージをしやすくなります。どのような点に注意して問題を解けばよいかがわかれば、より問題が解きやすくなります。

【おすすめ問題集】
Ｊｒ・ウォッチャー9「合成」、45「図形分割」、54「図形の構成」

問題4　分野：図形（同図形探し）

〈準 備〉　赤鉛筆

〈問 題〉　お花見をする大きな公園に到着しました。お花見をする場所を決めて、ハルカちゃんのお父さんが持ってきたとても大きなシートを広げて、みんなで座ろうと思います。ハルカちゃんの家族は４人、おじいちゃん、おばあちゃんの２人、トモコちゃんの家族は４人います。絵の中で、全員の数と同じ数のものに○をつけてください。

〈時 間〉　20秒

〈解 答〉　上段右端（ネコ）

学習のポイント

「たし算」の問題ですが、問題文（お話）を聞いて、即座に「10人」であることがわかるお子さまは少ないかもしれません。求める数を見つけるには、４人というハルカちゃんの家族構成を頭でイメージし、ほかの２人、４人についても同様に想像し、頭の中で合計を出す方法を身に付けるようにしましょう。各家族の人数分だけ指を折ったり、イラスト用紙の欄外などに○を記入したりする方法もありますが、できるだけ頭の中で数えられるように練習してください。こうした数の問題は、おはじきなどの具体物を動かしながら、数の増減を体感し、「数の概念」を覚えていきます。数の概念、つまり、「10以下のものであれば、一目でいくつあるかがわかる」といったことが感覚的にわかると、頭の中で数の増減がイメージしやすくなるはずです。まずは、家族やお友だちとお菓子などを分けたりすることから始めてください。そして、合計が「10人」だとわかったら、絵の中から適切なものを見つけていきます。解答時間が短いので、速く正確に解答にたどりつけるよう、作業に取りかかるスピードを意識して練習しましょう。

【おすすめ問題集】
　Ｊｒ・ウォッチャー14「数える」、38「たし算・ひき算１」
　39「たし算・ひき算２」

問題5　分野：お話の記憶

〈準 備〉　赤鉛筆

〈問 題〉　見たことがないほどたくさんのサクラが咲いていて、ハルカちゃんもトモコちゃんもびっくりしました。２人で「すごいね」と言いながら歩いていると、屋台がずらりと並んでいるところを見つけました。食べ物ではたこやき屋、やきそば屋、わたあめ屋、チョコバナナ屋、フランクフルト屋がありました。食べ物以外では、金魚すくい、ヨーヨー釣り、輪投げ、お面の屋台が目に入りました。絵の中で、ハルカちゃんとトモコちゃんが見つけた屋台とは関係がない物に、○をつけてください。

〈時 間〉　20秒

〈解 答〉　ドーナツ

学習のポイント

比較的短いお話の問題です。ただし本問では、さまざまな屋台の名前が挙げられており、１つずつ記憶するのはやや大変だったかもしれません。本問のように次々とお店の名前が読み上げられる問題に対応するためには、聞き取る力が必要です。そのためには、毎日の読み聞かせが重要です。さらに、単に聞かせるだけではなく、当校の出題傾向にあわせて短いパートごとに登場人物やストーリーに関する質問をすると対策につながります。また、お話の内容がイメージしやすくなるという点も重要です。夏祭りが好きで、屋台で何かを買ったり、さまざまなお店をのぞいたことがあるお子さまなら、読み上げたお店の名前をよく覚えていたかもしれません。それは実体験によってイメージしやすくなっているためです。小学校受験では、さまざまな経験を積ませることで、幅広い分野の問題のイメージをつかむことができます。

【おすすめ問題集】

１話５分の読み聞かせお話集①・②、お話の記憶 初級編・中級編・上級編、
Ｊｒ・ウォッチャー19「お話の記憶」

問題6　分野：常識

〈準備〉　赤鉛筆

〈問題〉　12時になったので、お昼ごはんを食べることになりました。ハルカちゃんやトモコちゃんのお母さん、それにおばあちゃんがお弁当を用意してくれました。

（問題６の絵を渡す）
点線の左側に並んでいるのが、お弁当のなかに入っていた野菜や果物です。それぞれの段の右側には、１つだけ左側にあるものの仲間はずれが入っています。その仲間はずれのものに○をつけてください。

〈時間〉　各20秒

〈解答例〉　①右から２番目（キャベツ）　②右端（ピーマン）　③右端（ナス）
④左から２番目（カブ）
※これ以外にも、妥当な理由が説明できれば正解にしてください。

学習のポイント

常識問題の知識は、日常生活と大きな関わりを持ってきますので、ふだんの生活から積極的に知識を身に付ける機会としていきましょう。本問のような野菜や果物に関する問題への対策としては、手に取らせてみたり、調理の様子を見せてあげることです。その後に説明すればお子さまの興味・関心は自然と高まるでしょうし、野菜や果物の名前や特徴も記憶しやすくなります。なお、本問の解答理由は、①はキャベツ以外すべて赤色をしている、②は基本的に皮を剥いて食べる（※皮を剥かない料理もあります）、③はナス以外は土の中で育つ野菜、④はカブのみ種がない（※ちなみにクリはふだん食べている部分が種です）、としていますが、ほかの答えであっても理由が正しいと保護者の方が考えれば正解としてください。

【おすすめ問題集】

Ｊｒ・ウォッチャー12「日常生活」、27「理科」、55「理科２」

問題7　分野：常識（季節）

〈準備〉　赤鉛筆

〈問題〉　お昼ごはんを食べてのんびりしていると、おじいちゃんが今度みんなで集まって、また夏になったら、いっしょに出掛けようと言いました。絵の中で、夏の行事を選んで、○をつけてください。

〈時間〉　20秒

〈解答〉　右から２番目（七夕）

学習のポイント

季節の行事に関する問題です。過去にもよく出題されているテーマですので、季節ごとにどういった行事が行われるのか、お子さまと確認しておきましょう。また、家庭でも体験させ、気候や季節と関連づけてイメージできるようにしておきたいものです。季節の話題や行事に関する問題は、知識を問うというよりも、家庭でのコミュニケーションの程度をチェックされていると考えてください。最近では、伝統的な行事を行わない家庭も増えていますが、簡単なものであっても、体験しておけば「どの季節の行事なのか」程度の知識は身に付くはずです。

【おすすめ問題集】
　Ｊｒ・ウォッチャー12「日常生活」、34「季節」

問題8　分野：制作

〈準備〉　クーピーペン（黒、青、黄、ピンク）、ハサミ、のり

〈問題〉　夕方になったので、みんなでハルカちゃんのお家に帰ってきて、晩ごはんをいっしょに食べました。お花見の時に見たサクラがきれいだったことなど、今日１日の楽しかった思い出を話しました。

（問題８－１の絵を渡す）
点線を黒のクーピーペンでなぞってください。その後、点線の内側をサクラのお花の色になるように塗り、黒くなぞった線に沿ってハサミで切りましょう。

（問題８－２の絵を渡す）
ハサミで切ったサクラの花びらを、●印にある見本と同じように見えるように並べて貼りつけてください。

〈時間〉　５分

〈解答〉　省略

学習のポイント

当校の試験で例年課されている「巧緻性」の問題です。なぞる・塗る・切る・貼るなど、指先を使用する作業が組み合わされて出題されます。実際の試験でもそれほど難しいことを要求されるわけではありません。日頃からお絵描きや工作を行なえば、十分な対策となるはずです。ただし、実際の入学試験での作業時間が短いです。塗りのはみ出しなどを気にしすぎると、時間切れになってしまいます。ていねいさと速さのバランスを考えて作業を行ないましょう。また、本問では数色のクーピーペンが用意されています。「サクラのお花の色になるよう」という指示がありますが、記憶の仕方がいい加減だと、こうした細かい指示は抜けてしまいがちです。試験ではこうした指示を守って作業できるどうかが大変重要になります。

【おすすめ問題集】

Ｊｒ・ウォッチャー５「回転・展開」、23「切る・貼る・塗る」
25「生活巧緻性」、実践 ゆびさきトレーニング①②③

※問題9～16は続けて行ってください。

問題9　分野：お話の記憶

〈準 備〉　赤鉛筆

〈問 題〉　けんとくんは公園で遊んでいました。夕方になってから、頼まれたおつかいを思い出し、商店街に向かいました。八百屋さんでジャガイモを２個、ニンジンを３本買いました。次に、お肉屋さんへ向かいました。お肉屋さんへ向かう途中でかわいいイヌを見かけました。真っ白いイヌでとてもかしこそうだなとけんとくんは思いました。

①けんとくんはどこで遊んでいましたか。○をつけてください。
②けんとくんはジャガイモをいくつ買いましたか。その数だけ○を書いてください。
③けんとくんがおつかいの途中で見かけたイヌはどれですか。○をつけてください。

〈時 間〉　20秒

〈解 答〉　①右端（公園）　②○：２　③右端

家庭学習のコツ①　「先輩ママのアドバイス」を読みましょう！

本書冒頭の「先輩ママのアドバイス」には、実際に試験を経験された方の貴重なお話が掲載されています。対策学習への取り組み方だけでなく、試験場の雰囲気や会場での過ごし方、お子さまの健康管理、家庭学習の方法など、さまざまなことがらについてのアドバイスもあります。先輩ママの体験談、アドバイスに学び、ステップアップを図りましょう！

学習のポイント

当校の入試は１つのストーリーからさまざまな分野の問題が連続して出題されるという形式ですが、問題の１つひとつは基礎問題です。お話の記憶の問題も基礎的な問題で、お話自体がかなり短い上に内容も単純なものですから、答えに困ることはないでしょう。ただし、この問題のキャラクターがほかの問題にも登場するのでストーリーの基本的なこと、例えば「主人公のけんとくんがおつかいにいく話だということ」「～を買った」といったことは覚えておいた方がよいでしょう。ほかの問題で答えやすくなります。ほかの問題でお話の設定、説明が省かれることはめったにありませんが、元々の設定を覚えていた方がその問題ごとの指示の内容がすんなり頭に入るからです。

【おすすめ問題集】

１話５分の読み聞かせお話集①・②、お話の記憶　初級編・中級編、
Ｊｒ・ウォッチャー19「お話の記憶」

問題10　分野：常識

〈準備〉　赤鉛筆

〈問題〉　けんとくんがイヌをなでていると、「あれ？　もしかしてけんとくん？」とイヌの飼い主が声をかけてきました。

①けんとくんは声をかけられた時、どのような顔をしたと思いますか。

声をかけたのは、けんとくんのお友だちのお母さんでした。「お買い物えらいね」とほめてくれました。

②けんとくんはほめてもらった時、どのような顔をしたと思いますか。

〈時間〉　30秒

〈解答〉　①左端（驚いた顔）　②右から２番目（うれしい顔）

学習のポイント

お話の登場人物の気持ちを読み取る問題です。ただし、前の問題のお話に関係なく、話しかけれられれば驚くでしょうし、ほめられればうれしそうな顔をするでしょう。この問題だけでも答えられるということになります。つまり、この問題の会話の流れから考えることもできるということですが、「けんたくんがおつかいに行って、イヌを見かけて…」といったイメージを持っていた方が、答えやすいのは確かでしょう。登場人物がどんな表情をしているか、どう感じるかといったことはお話を聞いているうちに自然と想像していることだからです。こと細かにお話の内容を覚えておく必要はありませんが、基本的な設定や「流れ」を覚えておいた方がよい、というのはこの問題にもあてはまります。

【おすすめ問題集】

Ｊｒ・ウォッチャー12「日常生活」

問題11　分野：お話の記憶

〈準備〉　赤鉛筆

〈問題〉　おつかいを無事に終えたけんとくん。買った品物をお母さんに渡しました。

絵の中で、けんとくんが買っていないものはどれですか。○をつけてください。

〈時間〉　20秒

〈解答〉　右から2番目（花束）

学習のポイント

この問題はお話の記憶の追加問題です。当校の問題としてはこうした問題はあまり出題されないかもしれません。というのは、最初の問題の内容を覚えていないと答えられないため、考えようによってはかなり難しい問題になってしまうからです。もっとも、買い物の内容を「確か、おつかいで野菜や肉を買いにいったはず…」といった程度でも覚えていれば答えられるので、お話の流れ、大まかな内容を覚えていればよいとも言えます。試験にこれから臨むというお子さま・保護者の方は「こういった出題があるかもしれない」といった程度の認識をしておいてください。それで充分でしょう。

【おすすめ問題集】

1話5分の読み聞かせお話集①・②、お話の記憶 初級編・中級編、
Ｊｒ・ウォッチャー19「お話の記憶」

問題12　分野：図形（同図形探し）

〈準備〉　赤鉛筆

〈問題〉　お母さんが「おいしいサラダを作るね」と冷蔵庫の中からさまざまな野菜を取り出し机に置きました。するとお父さんが仕事から帰ってきて、近所に住んでいるおじいさんの畑から野菜をもらってきました。その野菜も机の上に置きました。

（問題12-1、12-2の絵を渡して）
◆マークのついた紙には、冷蔵庫の中にあった野菜が描かれています。△マークの紙には、それに加えてお父さんがもらってきた野菜も描かれています。それぞれを見比べて、お父さんがもらってきた野菜を△マークの紙の中から見つけて、○をつけてください。

〈時間〉　1分

〈解答〉　サツマイモ、カブ、タマネギ

学習のポイント

同図形さがしの問題ですが、〇や△といった図形を比べるのではないので、特に準備をしておかなくても答えられる問題でしょう。こうした問題で気を付けなければならないのは、勘違いやケアレスミスです。見逃しを防ぐために自分なりのルールを決めて図形同士を見比べてください。どのような方法でもかまいません。一般に「右→左」「上→下」の方向でチェックしていくのがよい、とされていますが、ほかの方法でも自分が慣れているなら、その手順の方が効率がよいでしょう。また、比較的時間に余裕がない問題なので、できれば「見本→選択肢・見本→選択肢」という形ではなく、「見本を覚える→選択肢をチェック→次の選択肢」という流れで考えてください。

【おすすめ問題集】

Ｊｒ・ウォッチャー４「同図形探し」

問題13　分野：図形（パズル）

〈準 備〉　あらかじめ問題13－２の絵を点線に沿って切り分けておく。

〈問 題〉　けんとくんは夕食ができるまで、パズルで遊ぶことにしました。

（問題13－２を切り分けたものと13－１の絵を渡す）
・描かれている形にぴったり収まるように、形を組み合わせてください。

〈時 間〉　１分

〈解答例〉　下図参照

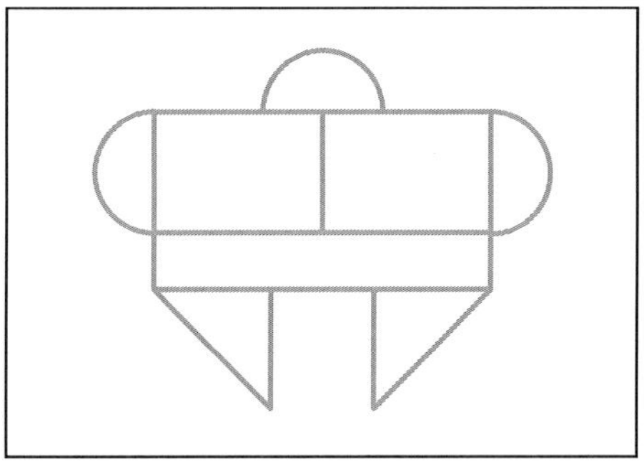

学習のポイント

パズルの問題です。この問題は直接パズルのピース（△や□）に触ることができるので、反転させたり、回転させたりといった操作ができます。ある程度試行錯誤するかもしれませんが、特に問題なく答えられるのではないでしょうか。小学校受験ではこうした問題が苦手というお子さまが多いようです。それはたいていの問題ではパズルのピースに手で触ることができないので、「このピースをこの場所に（反転させたり、回転させたりして）当てはめる」ということをイメージ、つまり頭の中で行わければならないからです。当校のみの受験なら必要のないことですが、これから先の学習では必要になってくる能力です。パズルやタングラム、積み木などを使い、「慣れる」ことから始めてみてください。

【おすすめ問題集】

Ｊｒ・ウォッチャー３「パズル」、９「合成」、45「図形分割」、54「図形の構成」

問題14　分野：巧緻性（制作）

〈準備〉　クレヨン（オレンジ）、ハサミ、つぼのり

〈問題〉　パズルをした後、けんとくんは昨日けんかしたお友だちにごめんねという気持ちをこめて手紙を書くことにしました。手紙を書いた後、星の形をしたシールを選びました。

（問題14－1の絵を渡す）
・けんとくんが選んだ形に色を塗り、その形を切り抜いてください。
（問題14－2の絵を渡す）
・14－1の切り抜いた絵を、14－2の絵に描かれているものの真ん中に貼ってください。貼り終えたら、この絵も太線に沿って切り抜いてください。

〈時間〉　3分

〈解答〉　①左から2番目（☆）を塗って、切り取る。　②省略

学習のポイント

お話の流れとはあまり関係のない制作の問題です。内容は「なぞる」、絵を「塗る」という基本的な作業で、複雑な作業は要求されません。もし、不安な作業があるようなら、その作業だけでも練習をしておいてください。それで充分です。こうした問題の作業は年齢なりの器用さや道具の使い方がわかっていると評価されればよいのです。特別によいものや人よりよいものを作る必要はありません。評価されるのは「指示を理解する」「指示にしたがって作業する」「人に迷惑をかけない」といったことでしょう。言い換えれば、入学してからの教育に支障がなければよいということです。もちろん、後片付けといったマナーなど、指示がないことも評価されるのですが、あくまで評価する側が「あまりにもひどい」といった感想を持つ、常識離れしたことを行ってしまった場合でのことです。

【おすすめ問題集】
実践 ゆびさきトレーニング①②③、Ｊｒ・ウォッチャー23「切る・貼る・塗る」

問題15　分野：巧緻性（運筆）

〈準備〉　サインペン（赤）

〈問題〉　けんとくんは友だちの家まで手紙を届けに行きました。

・けんとくんが歩いた点線を☆から★までなぞってください。

〈時間〉　1分

〈解答〉　省略

学習のポイント

巧緻性「運筆」の課題です。線を引くだけなので、作業としては簡単なものです。では何を評価しているのかというと筆記用具の使い方や年齢なりの器用さでしょう。正しい持ち方をしているかはもちろんですが、ここではサインペンを使っているので、滲んでしまったり、ところどころかすれてしまったりといったことがないかをチェックしているわけです。簡単な作業ですが、始点と終点を視界に入れながらていねいに線を引いてください。点線のとおりに滑らかに線を引ければその方がよいでしょうが、多少ははみ出しても気にすることはありません。保護者の方は「きれいに線が引けたか」ではなく、「お子さまなりにていねいに作業をしているか」「筆記用具は正しく使えているか」という視点で結果を評価してください。

【おすすめ問題集】

Ｊｒ・ウォッチャー51「運筆①」、52「運筆②」

問題16　分野：行動観察

〈準備〉　段ボールの箱（13個、問題16の絵を参照）、折り紙（1人3枚）、ハンカチ、クーピーペン（赤）

〈問題〉　**この問題は絵を参考にしてください。**

※この問題は、5人のグループ（4チーム）で行なう。

①（問題16の絵を参考にして箱を配置しておく）
チームで1人ずつ交代しながら、箱をできるだけ高く積み上げてください。積み上げている途中で、箱が崩れたら、次の順番の人が直してください。この時、新しく箱を重ねてはいけません。それでは始めてください。

②ハンカチを持っていますか。持っていたら、それをいったん広げてから畳んでください。

③（折り紙を3枚渡して）折り紙を1枚使って、飛行機を作ってください。飛行機を折ったら、自分のマークをクーピーペンで書いてください。チームで紙飛行機を飛ばす競争をしますが、飛ばせる飛行機は2つまでです。どの飛行機を飛ばすかは、じゃんけん以外の方法で、相談して決めてください。

〈時間〉　適宜

〈解答〉　省略

学習のポイント

①は積み上げた箱が崩れた場合、選手交代して箱を積み直すという指示がわかっているかどうかをチェックしてください。お子さまにはかなり複雑な指示です。③は、作業自体は簡単ですが、役割分担をするのでほかのお子さまと相談することになります。「はじめて会う人と会話できるか」もこうした課題では評価の対象になるわけです。お子さまの性格によっては積極的に話しかけるのは難しいかもしれませんが、少なくとも人の意見は聞いて、反応するようにしてください。「コミュニケーションがとれない」という評価は受けないような振る舞いをしましょう。②は行動観察というより、常識の問題です。「生活巧緻性」と言ったりしますが、生活で必要とされる動作・作業の課題です。

【おすすめ問題集】

Ｊｒ・ウォッチャー25「生活巧緻性」、29「行動観察」

※問題17～24は続けて行ってください。

問題17 分野：お話の記憶

〈準 備〉 赤鉛筆

〈問 題〉 ※ 問題の絵はお話が終わってから渡してください。
さとしくんと仲良しのきょうこちゃんが怪我をしたので、さとしくんはリンゴを５つ持ってお見舞いに出かけました。途中ではじめくんに会って、きょうこちゃんのお見舞いに行くと言うと、はじめくんはバナナを１房くれました。
次にたろうくんに会いました。するとたろうくんはブドウを１房くれました。
最後にのぞみちゃんに会いました。
のぞみちゃんはウサギのぬいぐるみを１つくれて、今自分の妹も病気だと言いました。さとしくんは、自分の持っていたリンゴを３つ、のぞみちゃんの妹のお見舞いにあげました。

①上の段を見てください。さとしくんがお見舞いに行った時、きょうこちゃんはどんな顔をしたと思いますか。絵の中から選んで○をつけてください。
②下の段を見てください。さとしくんが今持っているものは何ですか。絵の中から選んで○をつけてください。

〈時 間〉 20秒

〈解 答〉 ①左から２番目（うれしい顔） ②左から２番目

学習のポイント

本校の入試の特徴は、１つのお話を題材にして各分野の問題が複数出題されることですが、それぞれの内容は基礎的なものです。落ち着いて答えれば、答えに困るようなことはないでしょう。お話の記憶の問題も出題されますから、お話の流れを無視してもよいということにはなりませんが、お話の細かなところまで覚えなければ、と神経質になる必要もありません。聞かれていることを把握して、それに沿って答えるよう心がけましょう。例えば、①は「お友だちがお見舞いに来てくれたら、入院している子どもはどのような気持ちになるか」という問題ですが、お話の細部は把握していなくても、年齢なりの常識があれば正解できる問題です。図形や数量など、他分野なども同じような形の出題になっています。当校の入試に限ったことではありませんが、どの分野の問題でも、その問題の指示、設問をしっかり理解することから始めましょう。

【おすすめ問題集】
１話５分の読み聞かせお話集①・②、お話の記憶 初級編・中級編、
Ｊｒ・ウォッチャー19「お話の記憶」

問題18　分野：複合（図形・巧緻性）

〈準　備〉　赤鉛筆、クレヨン（12色）

〈問　題〉　**この問題の絵は縦に使用してください。**
さとしくんは、みんなからもらったものを持ってきょうこちゃんの家に行きました。きょうこちゃんは足を怪我していて歩けませんが、元気です。もらったぬいぐるみは大切に飾りました。くだものはいっしょに食べることにしましたが、きょうこちゃんのお母さんが、きょうこちゃんのお家にあったくだものも出してくれました。

①問題の絵を見てください。１番上の段の影になっている絵が、さとしくんときょうこちゃんが食べたくだものです。２番目の段の絵は、さとしくんが持ってきたくだものです。１番下の段の絵の中から、きょうこちゃんのお母さんが出してくれたくだものを選んで○で囲んでください。
②２段目と１番下の段の中で、あなたが１番好きなくだものを１つ選んで、クレヨンできれいに塗ってください。

〈時　間〉　① 15秒　②１分

〈解答例〉　①左端（パイナップル）　②省略

学習のポイント

①は影絵の問題です。内容としては「同図形探し」なので、まず、よく見本の図形を観察し、特徴をとらえましょう。選択肢を見る時は、その特徴と比較すれば答えがわかります。なお、答え方が「○をつける」ではなく、「○で囲む」と指示されていることにも注意してください。○をするものに線がかかってはいけないということです。②は常識と巧緻性の問題です。選んだくだものの色を知っているか、うまく塗れるかということでしょう。好きなくだものの色は知っていて当然で、塗り絵も基本的な作業ですから、困ることはないと思います。ただし、筆記用具の扱いなどは観察され、評価の対象になっているかもしれません。注意しておいてください。

【おすすめ問題集】
Ｊｒ・ウォッチャー４「同図形探し」、23「切る・貼る・塗る」、31「推理思考」

問題19　分野：常識

〈準　備〉　赤鉛筆

〈問　題〉　さとしくんときょうこちゃんは、くだものを食べ終わったので、いっしょに遊ぶことにしました。２人がいっしょに遊べるものを絵の中から選んで○をつけてください。

〈時　間〉　20秒

〈解答例〉　折り紙、お手玉、ウサギのぬいぐるみ、積み木

学習のポイント

お話の流れを押さえていれば、足を怪我した女の子をお見舞いに来たことを覚えているはずですから、「足を怪我した子が遊べる道具は何か」を聞かれているとわかります。本校では、このような条件（足を怪我している）付きの常識問題がよく出題されます。大げさに言えば、年齢なりの問題解決のための知識、思考力、判断力を求めているわけです。こうしたことは、「お勉強」することではなく、くらしのなかでの経験で学ぶべきでしょう。お子さまは問題が起きた時、自分なりに考えてどうするのかを考えますが、そこには経験のなさからくる間違いがもあるはずです。保護者の方は、「～しなさい」と指示するのではなく、お子さまにヒントを言う、アドバイスするといった形で接してください。その方がお子さまの成長が期待できます。

【おすすめ問題集】

Ｊｒ・ウォッチャー12「日常生活」、56「マナーとルール」

問題20　分野：制作

〈準 備〉　折り紙、ハサミ、つぼのり、クレヨン
あらかじめ、問題20－２の絵を画用紙に貼り、パンチで穴を開けておく。

〈問 題〉　**この問題は絵を参考にしてください。**
さとしくんときょうこちゃんは、折り紙でお花を作って遊ぶことにしました。私（出題者）がお手本を見せますから、よく見て、あなたも同じように作ってください。まず、お花を作ります。好きな色の折り紙を１枚とって、三角形に折ります。三角形の下の２つの角を折り返すと、チューリップの形になります。次に、葉っぱと茎を作ります。緑色の折り紙を三角形に折って開き、折り線のところでハサミで切ります。片方の三角形はもう一度、三角形に折って開いて折り線のところで切ります。小さな三角形が２つできたので、葉っぱにします。残った大きな三角形は、細く折って茎にします。花と葉っぱと茎ができたら、額縁（問題20－２）にのりで貼りつけます。台紙の穴にリボンを通して蝶結びにします。最後に、額縁にモールを貼ったり、クレヨンで塗ったりして自由に飾りつけます。では、作ってください。

〈時 間〉　15分

〈解 答〉　省略

学習のポイント

ストーリーとはまったく関係のない「巧緻性」の課題です。当校入試の制作課題は筆記用具で線を「なぞる」、枠内を「塗る」、ハサミを使って「切る」、のりで「貼る」といった作業を組み合わせて出題されます。いずれも、基本的な作業です。時間の方も比較的余裕を持って設定されていますから、何度か同じ作業をすれば大丈夫でしょう。なお、優れた作品を作るお子さまを選ぶという観点ではないので、「でき上がり」に関してはそれほど気を使う必要はありません。問題になるのは、手順を含めた指示を理解していないこと、指示されたこと以外の常識的な行動ができていないといったことです。具体的には「後片付けができない」、「待機中の態度・行動がよくない」といったところでしょう。

【おすすめ問題集】

実践 ゆびさきトレーニング①②③

Ｊｒ・ウォッチャー23「切る・貼る・塗る」、25「生活巧緻性」

問題21　分野：常識（音の聞き取り）

〈準備〉　サインペン（赤）、音楽再生機器
あらかじめ、ピアノの音（ピアノ単体の曲の演奏でも可）を録音し、再生できるようにしておく。（演奏を再生する）
※問題の絵は音を再生し終わってから渡す。

〈問題〉　きょうこちゃんとさよならをして、さとしくんがお家へ向かって歩いていると、どこからか音がしました。
（ピアノの音を再生し、終わったら問題21の絵を渡す）
この音は、どの楽器の音でしょうか。絵の中から選んで○で囲んでください。

〈時間〉　15秒

〈解答〉　○：ピアノ

学習のポイント

当校では過去に、野菜を切る音、雨音など、生活音の聞き取るという出題がありました。対策は特に必要なく、お子さまが「何の音？」と聞いたら「～の音」と答えるようしていれば、ほとんどの質問については答えられるでしょう。身近な動物や虫の鳴き声、乗りものの走行音なども、お子さまが知らないようならその場で教えてください。こういった問題を含め、常識問題は当校入試での頻出問題の１つですが、そこで出題されるのは徹底して、くらしの１コマで得られる知識です。観点は、単にお子さまの知識のあるなしを確かめると言うよりは、親子の会話が多く、そこで躾が行われ、結果、お子さまに常識が身に付いているかということかもしれません。保護者の方はお子さまに年齢なりの知識が身に付くように、お子さまとのふれあいを学びの場とするよう心がけてください。

【おすすめ問題集】
Ｊｒ・ウォッチャー11「いろいろな仲間」、12「日常生活」

問題22　分野：常識（マナー）

〈準備〉　赤鉛筆

〈問題〉　①さとしくんがお家へ向かって狭い道を歩いていると、後ろから車が来て、「プップッ」とクラクションを鳴らされてしまいました。この時、あなたならどのようにしたらよいと思いますか。絵の中から選んで○をつけてください。
②さとしくんはお家に帰ると、お母さんに「ただいま」と言った後、いつもする約束になっていることがあります。それはどれだと思いますか。絵の中から選んで○をつけてください。

〈時間〉　各15秒

〈解答例〉　①右から２番目（壁側に寄る）　②左端（うがい）、右端（手洗い）

学習のポイント

公共の場所でのふるまい、安全に関する知識を問う「常識」問題は当校入試における頻出問題です。特に当校のような（遠方の）国立・私立小学校へ通うようになると、道路を歩くのも、公共交通機関を利用するのも子どもだけで、ということになります。お子さま自身やお友だちの身を危険にさらさないためにも、安全に関する知識持つことは必須です。なお、①の選択肢は左から、「その場に立ち止まる」「前に向かって走る」「壁の側にどく」「普通に歩き続ける」です。②は、日常生活に関わる常識問題です。うがい・手洗いは風邪や感染症などの予防のために帰ってすぐ行う家庭が多い、とは思いますが、家庭よってはほかのことが優先されているかもしれないので、「解答例」としてあります。

【おすすめ問題集】
Ｊｒ・ウォッチャー12「日常生活」、56「マナーとルール」

問題23　分野：常識（理科）

〈準備〉　赤鉛筆

〈問題〉　**この問題の絵は縦に使用してください。**
さとしくんは、もうすぐお父さんが帰ってくる時間なので、お迎えに行くと、ちょうど帰ってきたお父さんに会えました。空は夕焼けで、とてもきれいです。さとしくんとお父さんが手をつないで帰る道には、長い影ができています。絵を見てください。影のでき方はどれが正しいと思いますか。絵の中から選んで○をつけてください。

〈時間〉　20秒

〈解答〉　①

学習のポイント

最近あまり出題はありませんが、当校入試では、理科の常識が出題されることがあります。特徴は身近な動植物についてはあまり出題されず、影のでき方、風が吹いた時のもののなびき方などについて出題されるということです。こういった知識は、メディアを通じて得ることが難しいでしょう。当たり前のこととして見過ごしがちなことだからです。小学校受験では、「なぜそうなるのか？」ということを説明するための知識は必要ないので、保護者の方はお子さまにその様子を見せること、その機会を増やすことを心がけてください。お子さまは好奇心旺盛ですから、そのシーンを「こうなるのか」と知識の１つにしてくれます。後はそれを絵にした時にどのように表現されるのかを知り、どのような質問をされるのかを知っておけば、問題なく答えられるはずです。

【おすすめ問題集】
Ｊｒ・ウォッチャー27「理科」、55「理科②」

問題24　分野：図形（パズル）

〈準 備〉　あらかじめ、問題24－２の絵を点線に沿って切り取り、４枚のカードにしてクリップで束ね、カゴに入れておく

〈問 題〉　さとしくんのおうちでは、お父さんが帰ってきたので、もうすぐ夕ごはんが始まります。さとしくんもお手伝いをして、お料理やお箸をテーブルに並べました。
（問題24－１の絵を渡して）絵を見てください。この絵の点線で囲まれているところにぴったりあてはまる絵を、カゴの中のカードから探して、絵の上に置いてください。使わなかったカードは、またクリップで束ねて、カゴに戻してください。

〈時 間〉　20秒

〈解 答〉　①

学習のポイント

欠所補完の問題です。ここでは空白になっている四角の外側に少しずつ、器と箸置きの端が見えています。それをヒントにすれば単純なパズルとして答えられるでしょう。もちろん、茶碗は左、汁椀は右、箸は手前に並べるという配膳の常識から答えた方がよいのですが、ここではどのように考えたかはテスターにはわかりません。これが口頭試問や個別テストなら、答えるまでのプロセスが観察されているので、答え方にも注意が必要なのですが、ここでは気を遣う必要はないということです。また、欠所補完と言っても直感的に答えがわかるような問題は、結局、年齢相応の常識についてたずねていることが多いようです。絵が欠けている部分と地の絵の部分が連続していない、パズルとしてのヒントがない出題も多く見られます。

【おすすめ問題集】
Ｊｒ・ウォッチャー59「欠所補完」

家庭学習のコツ②　「家庭学習ガイド」はママの味方！

問題演習を始める前に、試験の概要をまとめた「家庭学習ガイド（本書カラーページに掲載）」を読みましょう。「家庭学習ガイド」には、応募者数や試験科目の詳細のほか、学習を進める上で重要な情報が掲載されています。それらの情報で入試の傾向をつかみ、学習の方針を立ててから、対策学習を始めてください。

※問題25～30は続けて行ってください。

問題25　分野：お話の記憶

〈準備〉　赤鉛筆

〈問題〉　お話を聞いて後の質問に答えてください。

さきちゃんは家族でいっしょにキャンプに行くことになりました。キャンプに行く日、さきちゃんは朝早く起きると、早速着替えました。お気に入りの赤いスカートを履こうとしましたが、お母さんが「山に行くのだからズボンを履いた方がいいわよ」と言ったので、長ズボンを履きました。それから、縞模様のシャツを着て、帽子をかぶって、家を出ました。キャンプ場までは、お父さん、お母さん、弟といっしょに、車で行きました。

（問題25の絵を渡す）
さきちゃんはどんな服を着ていきましたか。絵の中から選んで○をつけてください。

〈時間〉　30秒

〈解答〉　右下

学習のポイント

当校の入試は、１つのストーリーの各場面で立ち止まり、そのたびに「記憶」「常識」「推理」「図形」といった分野の問題が出題されるというパターンです。直近に話されたことに関する質問をされますから、お子さまに配慮した出題方法なのでしょう。しかし、お子さまに限った話ではありませんが、話の途中で質問されると最初に話されたことをお話の後半になると忘れてしまうものです。当校の入試問題を解く際には、お話の最初に話される設定（登場人物とそれぞれの関係など）を特に注意して覚えておき、頭を切り替えて質問に答えるといった姿勢で臨みましょう。内容はどの分野も基礎的で、応用力が試される質問はほとんどありません。お話の記憶であれば、「話を丸暗記するのではなく、場面をイメージしながら聞く」という基本を守って解答すればよい結果が得られるはずです。

【おすすめ問題集】
1話5分の読み聞かせお話集①②、お話の記憶 初級編・中級編・上級編、
Ｊｒ・ウォッチャー19「お話の記憶」

家庭学習のコツ③　効果的な学習方法～問題集を通読する

過去問題集を始めるにあたり、いきなり問題に取り組んではいませんか？　それでは本書を有効活用しているとは言えません。まず、保護者の方が、すべてを一通り読み、当校の傾向、ポイント、問題のアドバイスを頭に入れてください。そうすることにより、保護者の方の指導力がアップします。また、日常生活のさまざまなことから、保護者の方自身が「作問」することができるようになっていきます。

問題26　分野：常識（季節）

〈準備〉　赤鉛筆

〈問題〉　さきちゃんたちが乗った車は、森の中を進んでいます。途中、ヒマワリ畑の横を通りました。一面に咲いた黄色いヒマワリがとてもきれいで、さきちゃんはとてもうれしい気持ちになりました。その後、みんなでしりとりをして遊んでいました。遊んでいるうちに、さきちゃんは眠くなって寝てしまいました。しばらくすると、キャンプ場に着いたので、お母さんが「さきちゃん、着いたよ」と言って、起こしてくれました。

（問題26の絵を渡す）
お話の季節と同じ季節のものを、絵の中から探して○をつけてください。

〈時間〉　15秒

〈解答〉　下図参照

学習のポイント

常識分野の問題も当校の入試ではここ数年続けて出題されています。中でも、本問のように野菜やくだものの旬、花の開花時期、季節の行事を聞く問題が定番化しているようです。前述したように、基本的な問題が出題されるので、過去問で得た知識だけで対応できるかもしれませんが、知識・経験がないと推測することが難しいかもしれません。過去問として出されたもの以外のものも知っておいた方がよいでしょう。特に、入試問題では出題されるが、現在の生活で行われない季節の行事や、目にしたことがあるものでも、旬や開花時期の植物に対する知識は得ておきたいものです。実体験するのが無理なら、図鑑やインターネットなどのメディアを活用してかまいません。入試ではじめて見る、ということがないようにしてください。

【おすすめ問題集】
Ｊｒ・ウォッチャー11「いろいろな仲間」、12「日常生活」、27「理科」、55「理科②」

問題27　分野：推理（系列）

〈準 備〉　赤鉛筆

〈問 題〉　さきちゃんたちはキャンプ場に着きました。まず、お父さんとお母さんがいっしょにテントを張ります。その間、さきちゃんは弟といっしょに近くのお花を摘んで遊んでいました。見たこともないお花がたくさんあったので、さきちゃんはお花でネックレスを作って、弟の首にかけてあげました。

（問題27の絵を渡す）
1番上の段のように花をつなげ、それを輪にした時、正しいものはどれでしょうか。下の中から選んで○をつけてください。

〈時 間〉　1分

〈解 答〉　右下

学習のポイント

はじめてこの問題を解答する時に、問題の意味がわかり、「ネックレスになったらどのようになるか」を考えることができるお子さまは少ないかもしれません。逆にそれさえ理解できれば、解答としては花の並び方が見本のものといっしょのものを選ぶだけですから、思い悩むことはないでしょう。この問題はいわゆる系列の問題ですが、「系列の問題だ」と構えることなく、素直に問題の意図を汲み取り、指示に従って答えられればよいということです。ただし、1度問題を聞いて、意味がよくわからなかった場合は系列の意味からお子さまに説明する必要があります。複数のものが、あるパターンで並んでいるのを小学校受験では系列と呼びます。よくあるのは記号や図形が直線で並んでいる形ですが、この問題のように円形の系列もあることを知っておきましょう。スムーズに解答するには、系列を観察して、ひと目でパターンを把握できるだけの経験が必要になります。なお、系列の問題では、指を使ったハウツーがありますが、使えないケースや、使うとかえってわかりにくくなる場合もあるので、使用は慎重に行ってください。

【おすすめ問題集】
　Ｊｒ・ウォッチャー6「系列」、31「推理思考」

問題28　分野：推理（欠所補完）

〈準 備〉　赤鉛筆

〈問 題〉　キャンプ場には、さきちゃんたちのほかにもさまざまな人が来ていました。家族で遊びに来ている人もいれば、川に魚釣りをしに来た子もいます。みんな自分のテントを張って、のんびり過ごしていました。

（問題28の絵を渡す）
空いている部分に入る絵を、下の段から探して○をつけてください。

〈時 間〉　1分

〈解 答〉　左から2番目

学習のポイント

欠所補完の問題ですが、「あるべきものがない」という常識問題ではなく、図形のつながりで選択肢を選ぶ、パズルに近い問題と言えるでしょう。ここでは必要になるのは、空いている箇所にピースを移動させた時、当てはまるかどうかを判断できるだけのイメージする能力、言い換えれば図形に対する感覚です。図形に対する感覚と言っても、難しい話ではありません。①ひと目見てそのピースがそこに当てはまらないものだと判断できる。②混同してしまいそうなピースがあれば、細かい違いを比較して正解を見つけられる。といった程度のことです。なお、この問題では、実際にピースを移動させて当てはまるかどうかを判断することはできませんから、想像だけでピースが当てはまるかどうかを判断しなくてはいけません。そのイメージもつきにくいという場合は、類題や市販のパズルなどで「そこにそのピースが当てはまるかどうか」という判断を何度か行ってください。徐々に図形に対する感覚が身に付いてくるでしょう。

【おすすめ問題集】

Ｊｒ・ウォッチャー31「推理思考」、59「欠所補完」

問題29　分野：推理（比較）

〈準備〉　ひも（３本、それぞれ長さの違うもの、そのうち１本は問題29のイラストに書かれた２つの●の間と同じ長さにする）、セロハンテープ

〈問題〉　さきちゃんが遊んでいると、お母さんが呼びました。「さきちゃん、テントを張るのを手伝ってくれない？」「うん、いいよ」「ありがとう。それじゃあ、お父さんがロープを張るから、その間、さきちゃんはテントを押さえていて」さきちゃんは、言われた通りにテントを押さえました。

（用意したひもと問題29の絵を渡す）
２つの●の間にぴったり合うひもはどれですか。そのひもを、●同士をつなぐようにセロハンテープで貼ってください。

〈時間〉　30秒

〈解答〉　省略

学習のポイント

入試でも同様の出題がありました。実物のひもをイラストに当てて確認するので、解答するだけなら特に問題はないでしょう。ただし、小学校入試にはよくあることですが、解答時間は30秒しかありません。１本ずつ試していては、時間が足りなくなってしまうかもしれません。ここでは３本のひもを見て、ひと目で「たぶんこのひもが合うのではないか」と予測しなくては、スムーズに答えられないのです。また、この「予測する・推理する」という点も評価の対象になっていますから、解答そのものだけではなく、「どのように考え・答えるか」という点も観られていることを、お子さまにあらかじめ伝えておいた方がよいかもしれません。なお、この問題のように具体物を使う問題では、問題の正否だけではなく、その過程もチェックされていることが多い傾向にあります。

【おすすめ問題集】

Ｊｒ・ウォッチャー31「推理思考」、15「比較」、58「比較②」

問題30　分野：行動観察（集団ゲーム）

〈準備〉　ハンカチ、ボール、新聞紙、三角コーン、ビニールテープ、積み木

〈問題〉　**この問題の絵はありません。**

この問題は20人程度のグループで行い、開始前にイチゴ・レモンの２チームに分かれる。
大きなハンカチを三角に折り、首に巻く。１回だけ結ぶよう指示される（試験中にほどけてしまったら、結び直すようにテスターから指示される）

①（あらかじめ、ビニールテープを10m程度の間隔を空けて貼り、スタートとゴールにする）
これから、ボール運びゲームをします。まずは２人１組になって、新聞紙を持ってください。新聞紙の上に先生がボールを載せるので、ボールを落とさないように、２人で協力してゴールまで進んでください。
②（用意した積み木をチームごとに配る）積み木遊びをしましょう。何を作るかは、チームで相談して決めてください。
③私といっしょに体ジャンケンをしましょう。グーはしゃがんで膝を抱えるポーズです。チョキは、両手をチョキの形にして、肩まで上げるポーズです。パーは両手を高く上げ、両足を開くポーズです。最初に私がポーズをとりますから、私に負けるようにポーズをとってください。

〈時間〉　①３分　②５分　③２分

〈解答〉　省略

学習のポイント

グループで行なう行動観察も例年の課題です。行動観察における個人とグループの違いは、グループの場合、協調性が主な観点になっているということでしょう。個人を対象にした場合にはコミュニケーションができるか、言い換えれば、「指示されたことを理解し、その通りに行動できるか」ということが主な観点になるのですが、集団ではそれを守った上で、ほかの志願者と課題を協力して解決することが求められるのです。簡単に言えば、「自分だけでなく、ほかの人のことも考えて、課題を解決するために行動する」ということになるでしょうか。ここではどの課題もそれほど難しいものではなく、強引にことを進めればコミュニケーションをとらなくてもできるかもしれません。しかし、それではよい評価が得られないということも、保護者の方は、お子さまに伝えておく必要があります。

【おすすめ問題集】
Ｊｒ・ウォッチャー29「行動観察」、新運動テスト問題集

家庭学習のコツ④　効果的な学習方法～お子さまの今の実力を知る

１年分の問題を解き終えた後、「家庭学習ガイド」に掲載されているレーダーチャートを参考に、目標への到達度をはかってみましょう。また、あわせてお子さまの得意・不得意の見きわめも行ってください。苦手な分野の対策にあたっては、お子さまに無理をさせず、理解度に合わせて学習するとよいでしょう。

大阪教育大学附属平野小学校　専用注文書

年　　月　　日

合格のための問題集ベスト・セレクション

＊入試頻出分野ベスト３

1st　お話の記憶　集中力　聞く力

2nd　常　識　知識　マナー

3rd　図　形　思考力　観察力

１つの分野でさまざまな問題が出題される、独特の形式が特徴です。難しい問題に取り組むよりも、それぞれの分野の基本問題を幅広く学習し、どんな問題にも対応できるようにすることがポイントです。

分野	書　名	価格(税込)	注文	分野	書　名	価格(税込)	注文
図形	Ｊｒ・ウォッチャー３「パズル」	1,650円	冊	図形	Ｊｒ・ウォッチャー45「図形分割」	1,650円	冊
図形	Ｊｒ・ウォッチャー４「同図形探し」	1,650円	冊	巧緻性	Ｊｒ・ウォッチャー51「運筆①」	1,650円	冊
推理	Ｊｒ・ウォッチャー６「系列」	1,650円	冊	巧緻性	Ｊｒ・ウォッチャー52「運筆②」	1,650円	冊
図形	Ｊｒ・ウォッチャー９「合成」	1,650円	冊	図形	Ｊｒ・ウォッチャー54「図形の構成」	1,650円	冊
常識	Ｊｒ・ウォッチャー11「いろいろな仲間」	1,650円	冊	常識	Ｊｒ・ウォッチャー55「理科②」	1,650円	冊
常識	Ｊｒ・ウォッチャー12「日常生活」	1,650円	冊	常識	Ｊｒ・ウォッチャー56「マナーとルール」	1,650円	冊
推理	Ｊｒ・ウォッチャー15「比較」	1,650円	冊	推理	Ｊｒ・ウォッチャー58「比較②」	1,650円	冊
記憶	Ｊｒ・ウォッチャー19「お話の記憶」	1,650円	冊	推理	Ｊｒ・ウォッチャー59「欠所補完」	1,650円	冊
巧緻性	Ｊｒ・ウォッチャー23「切る・貼る・塗る」	1,650円	冊		実践 ゆびさきトレーニング①②③	2,750円	各　冊
常識	Ｊｒ・ウォッチャー27「理科」	1,650円	冊		面接テスト問題集	2,200円	冊
行動観察	Ｊｒ・ウォッチャー29「行動観察」	1,650円	冊		１話５分の読み聞かせお話集①②	1,980円	各　冊
推理	Ｊｒ・ウォッチャー31「推理思考」	1,650円	冊		新 運動テスト問題集	2,420円	冊
常識	Ｊｒ・ウォッチャー34「季節」	1,650円	冊				

合計	冊	円

（フリガナ） 氏　名	電　話 ＦＡＸ E-mail
住 所　〒　　　　－	以前にご注文されたことはございますか。 有　・　無

★お近くの書店、または記載の電話・FAX・ホームページにてご注文をお受けしております。
電話：03-5261-8951　FAX：03-5261-8953　代金は書籍合計金額＋送料がかかります。
※なお、落丁・乱丁以外の理由による商品の返品・交換には応じかねます。

★ご記入頂いた個人に関する情報は、当社にて厳重に管理致します。なお、ご購入の商品発送の他に、当社発行の書籍案内、書籍に関する調査に使用させて頂く場合がございますので、予めご了承ください。

日本学習図書株式会社
http://www.nichigaku.jp

2022年度　附属平野　ステップアップ　無断複製／転載を禁ずる　　日本学習図書株式会社

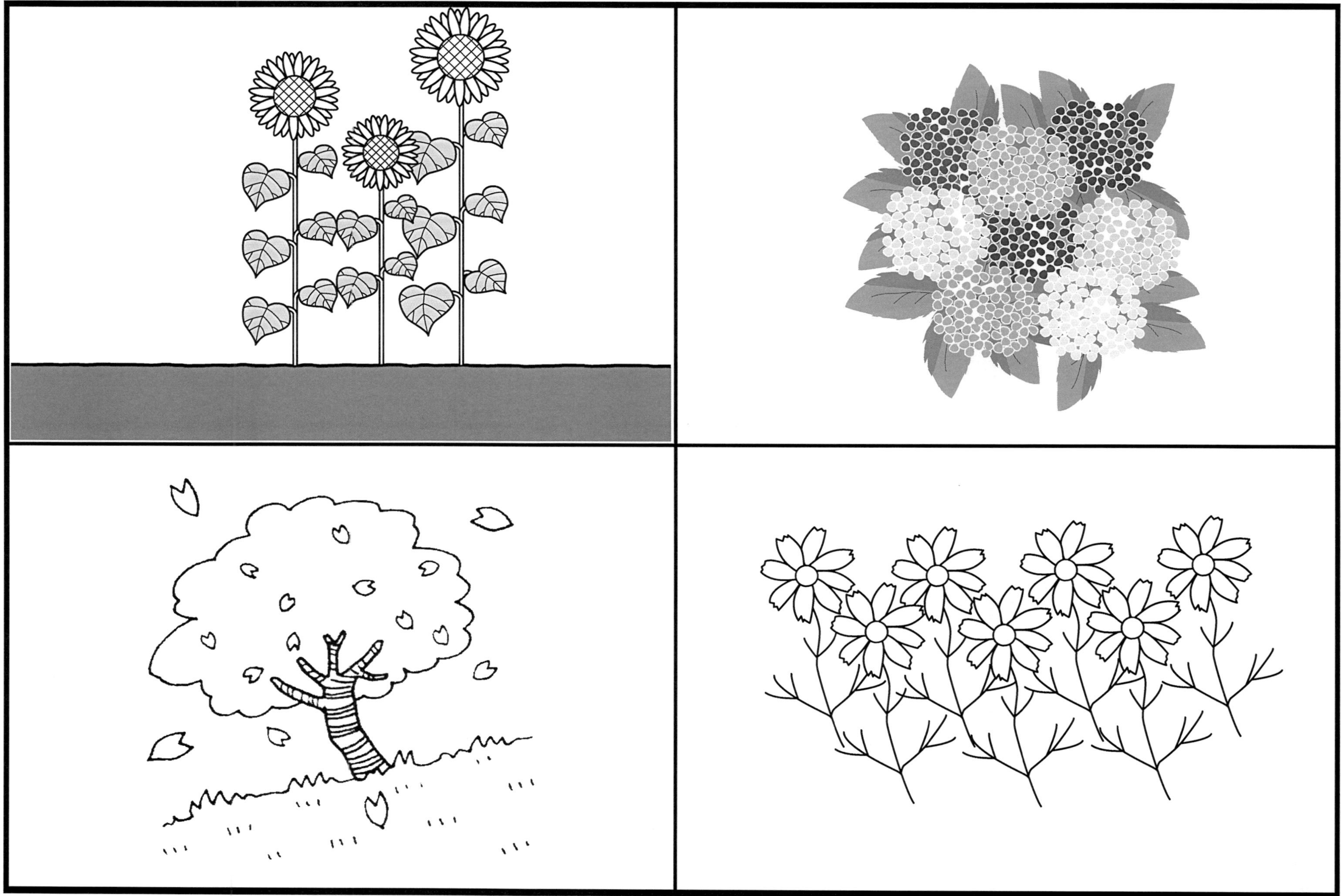

問題 2

2022 年度 附属平野 ステップアップ 無断複製／転載を禁ずる 日本学習図書株式会社

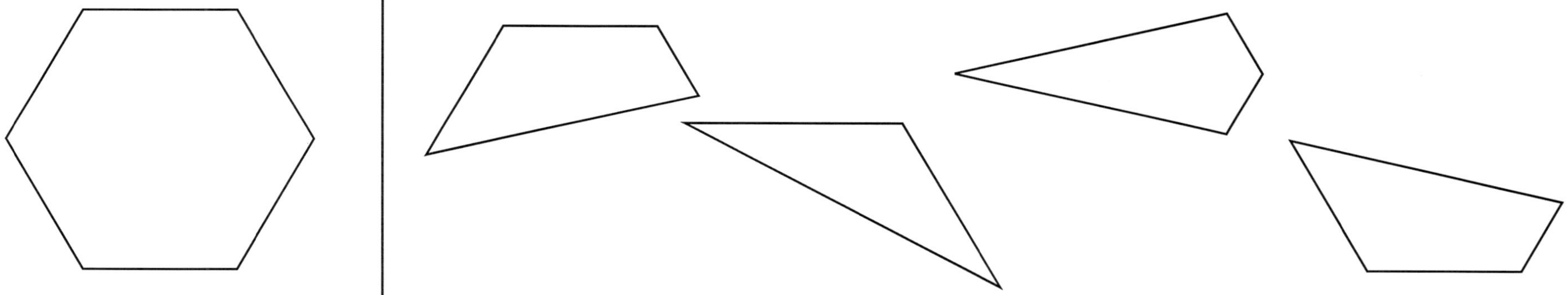

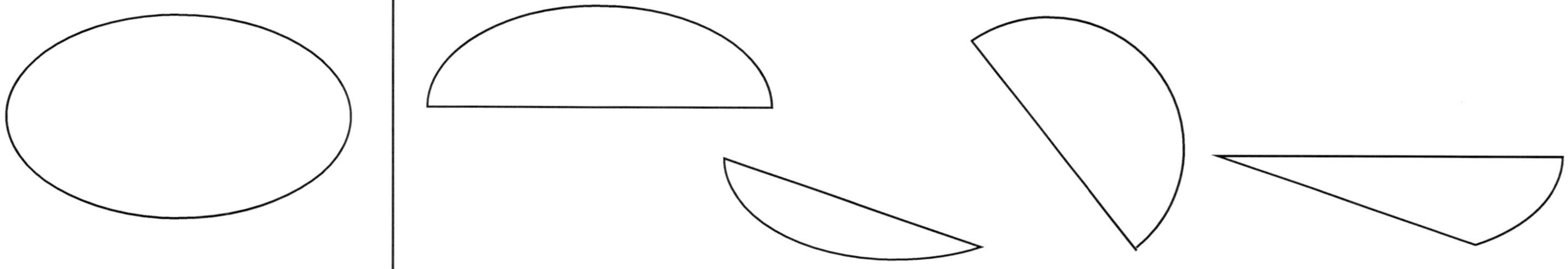

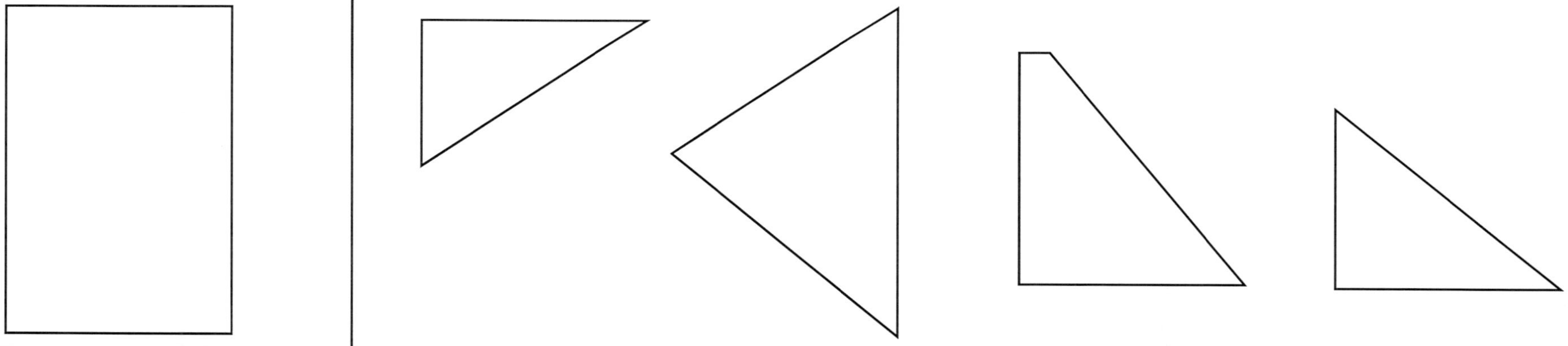

問題4

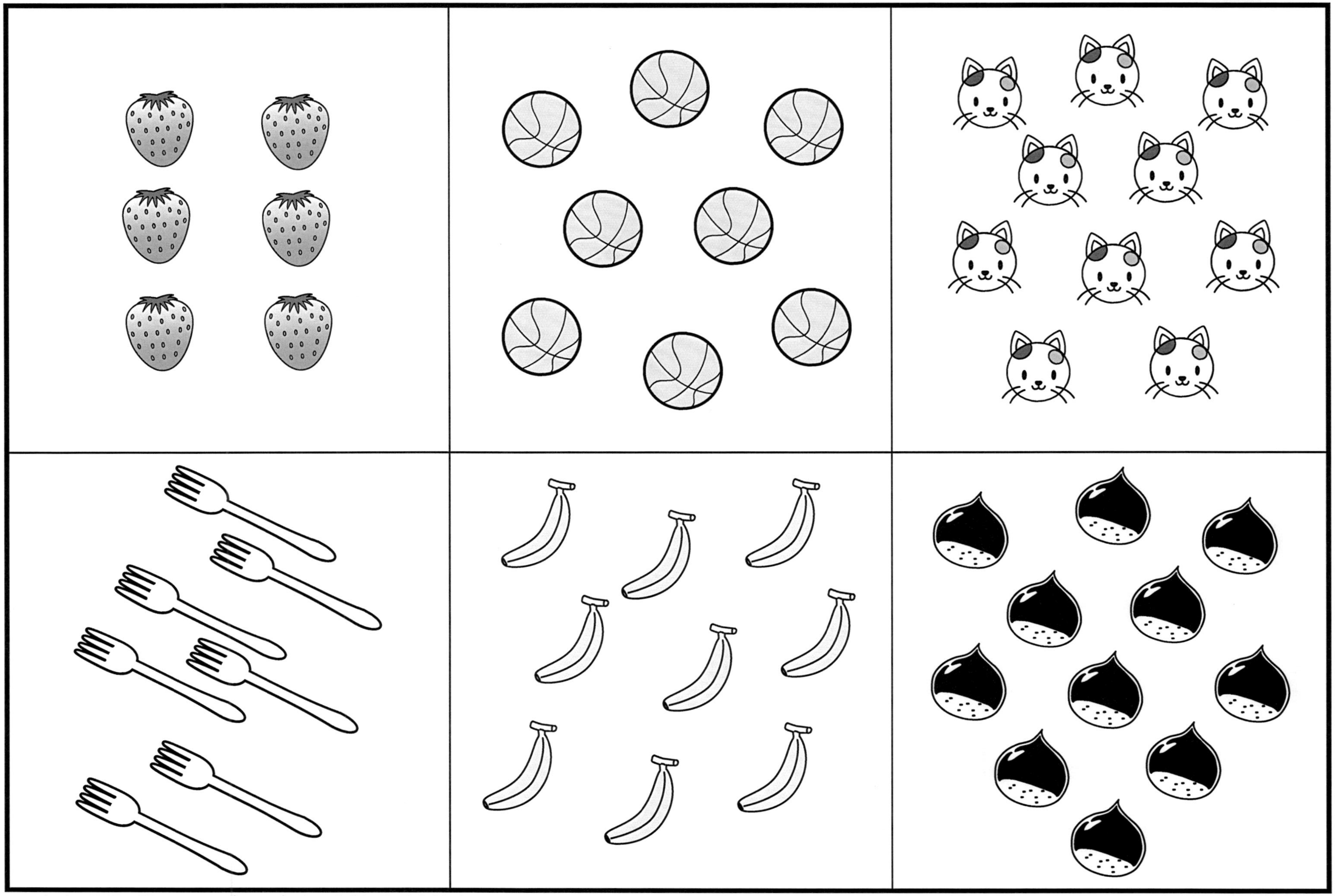

日本学習図書株式会社

2022 年度　附属平野　ステップアップ　無断複製／転載を禁ずる　日本学習図書株式会社

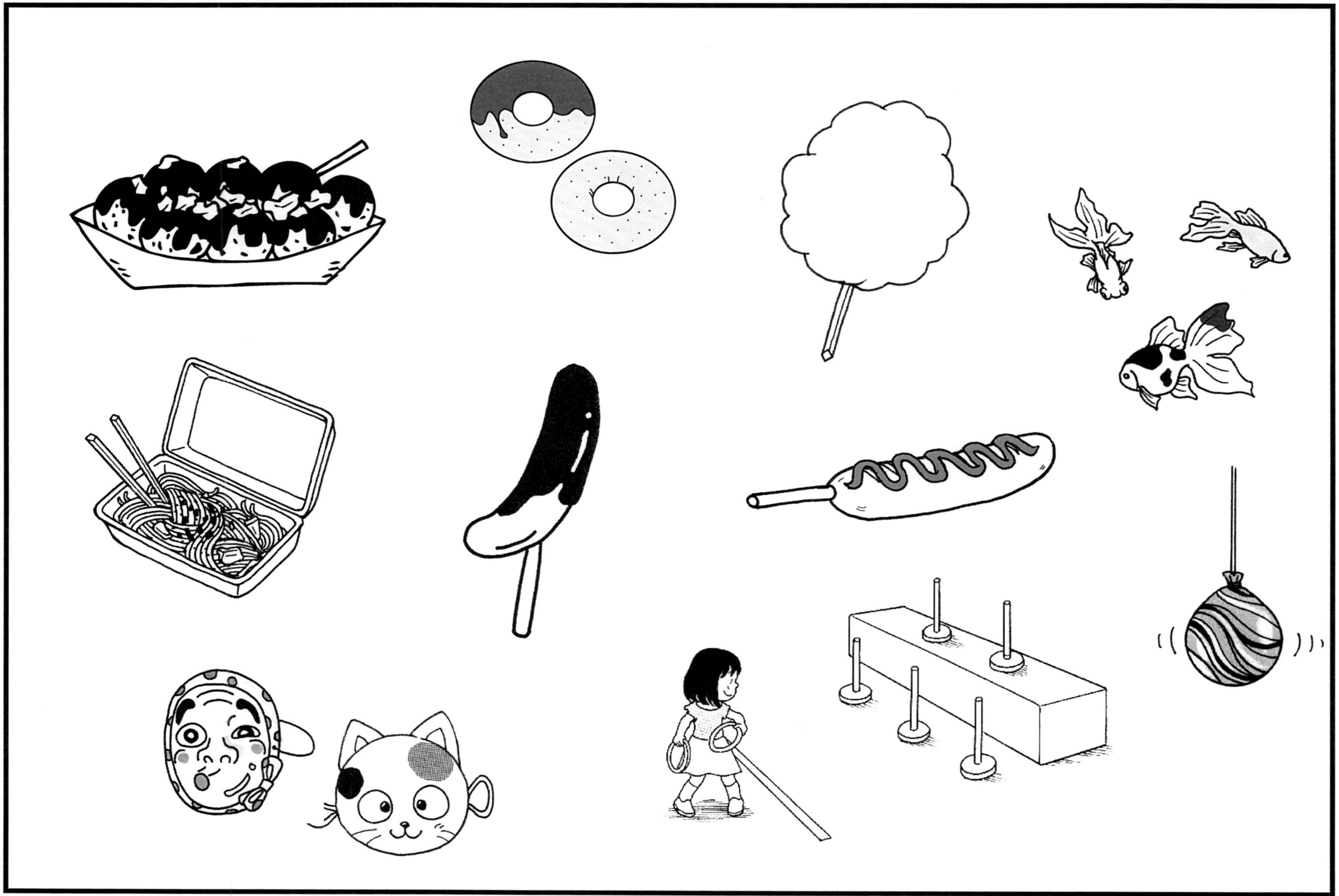

問題6

①

②

③

④

問題7

問題8－1

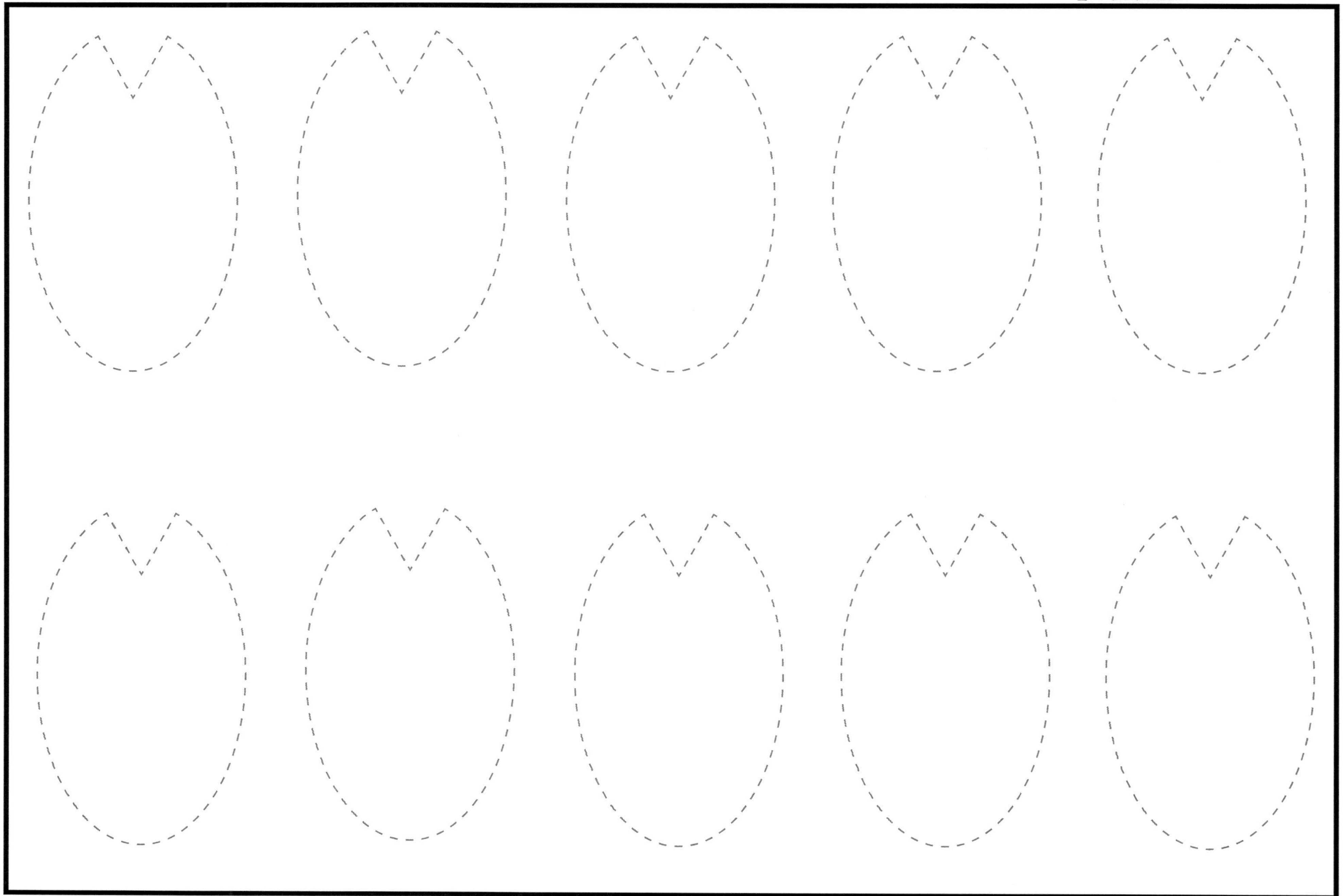

　

2022 年度 附属平野 ステップアップ 無断複製／転載を禁ずる 日本学習図書株式会社

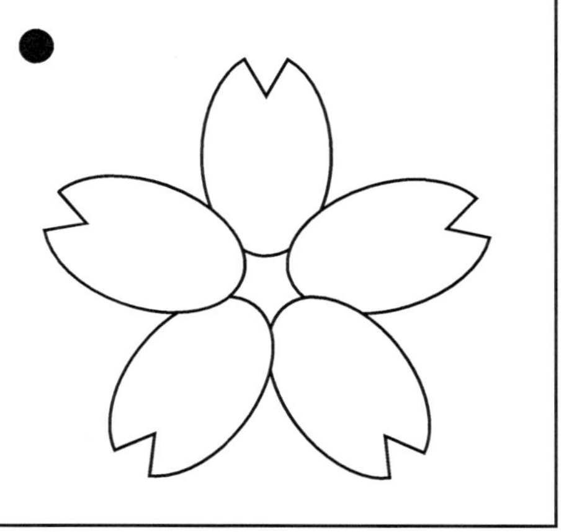

問題9

①

②

③

問題１０

①

②

問題１１

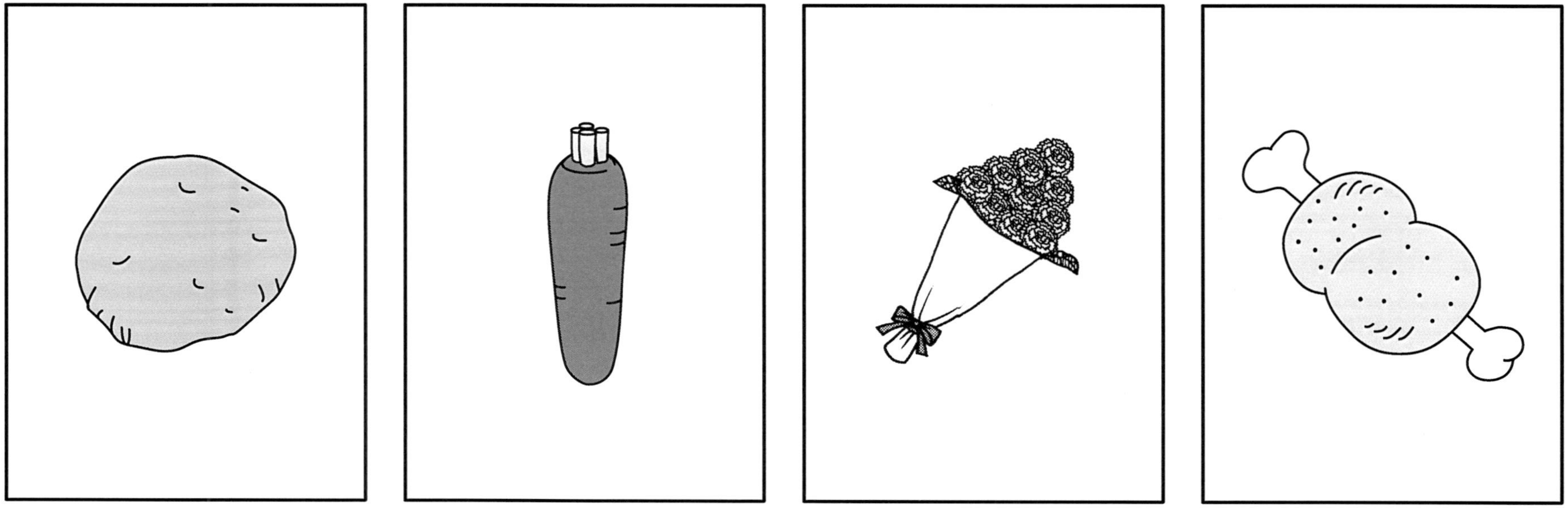

2022 年度 附属平野 ステップアップ 無断複製／転載を禁ずる 日本学習図書株式会社

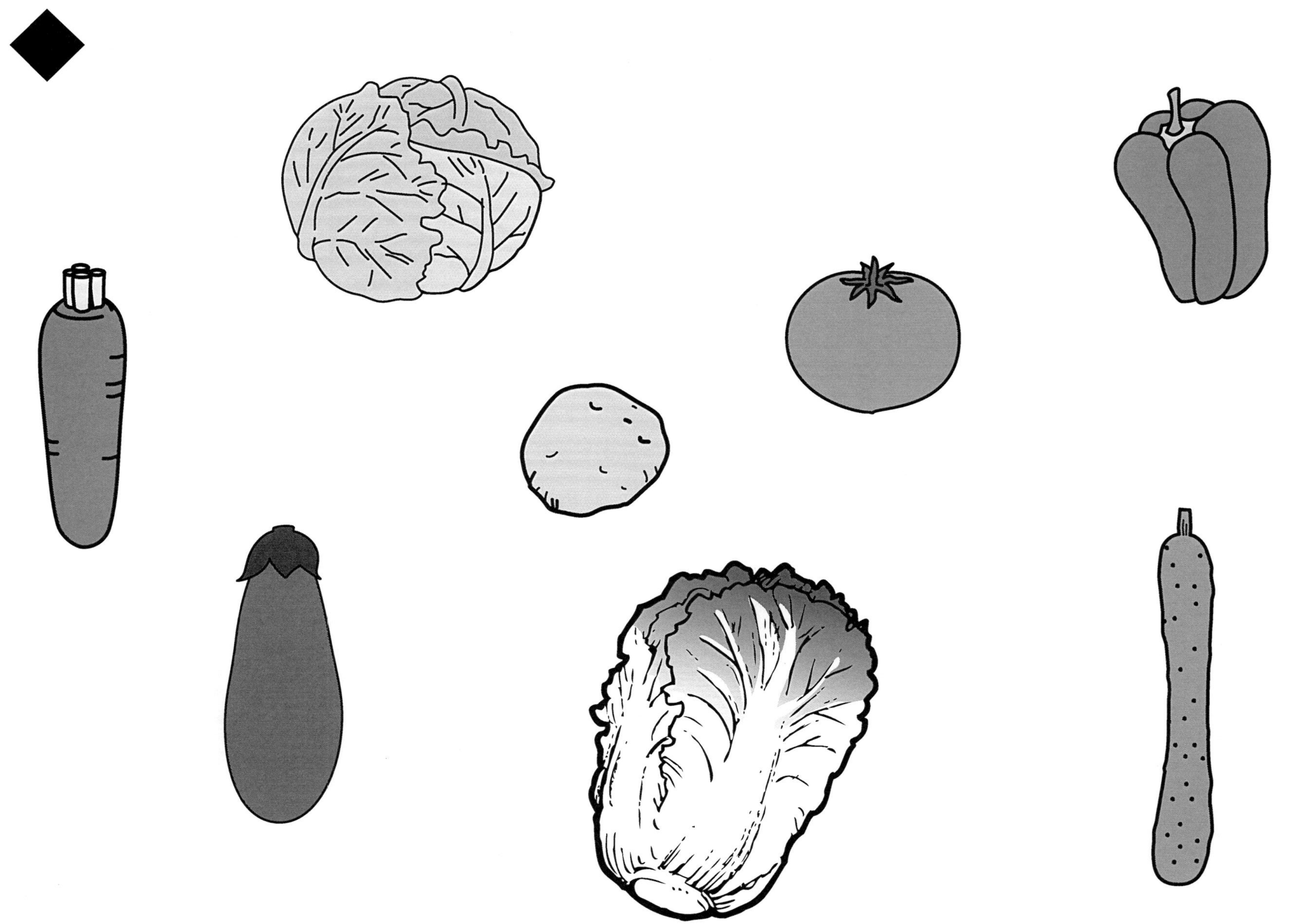

問題１２－２

問題１３－１

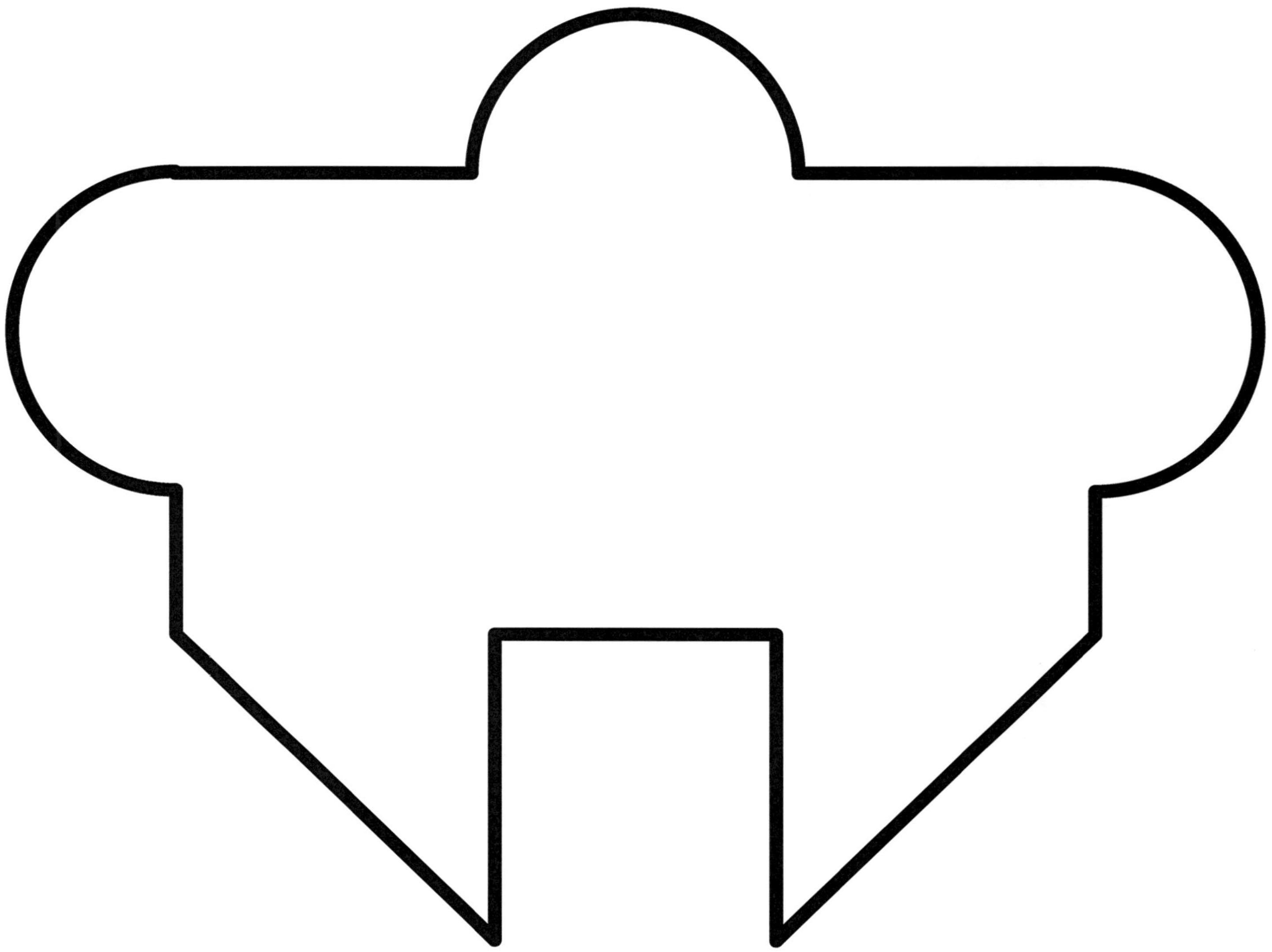

2022 年度 附属平野 ステップアップ 無断複製／転載を禁ずる 日本学習図書株式会社

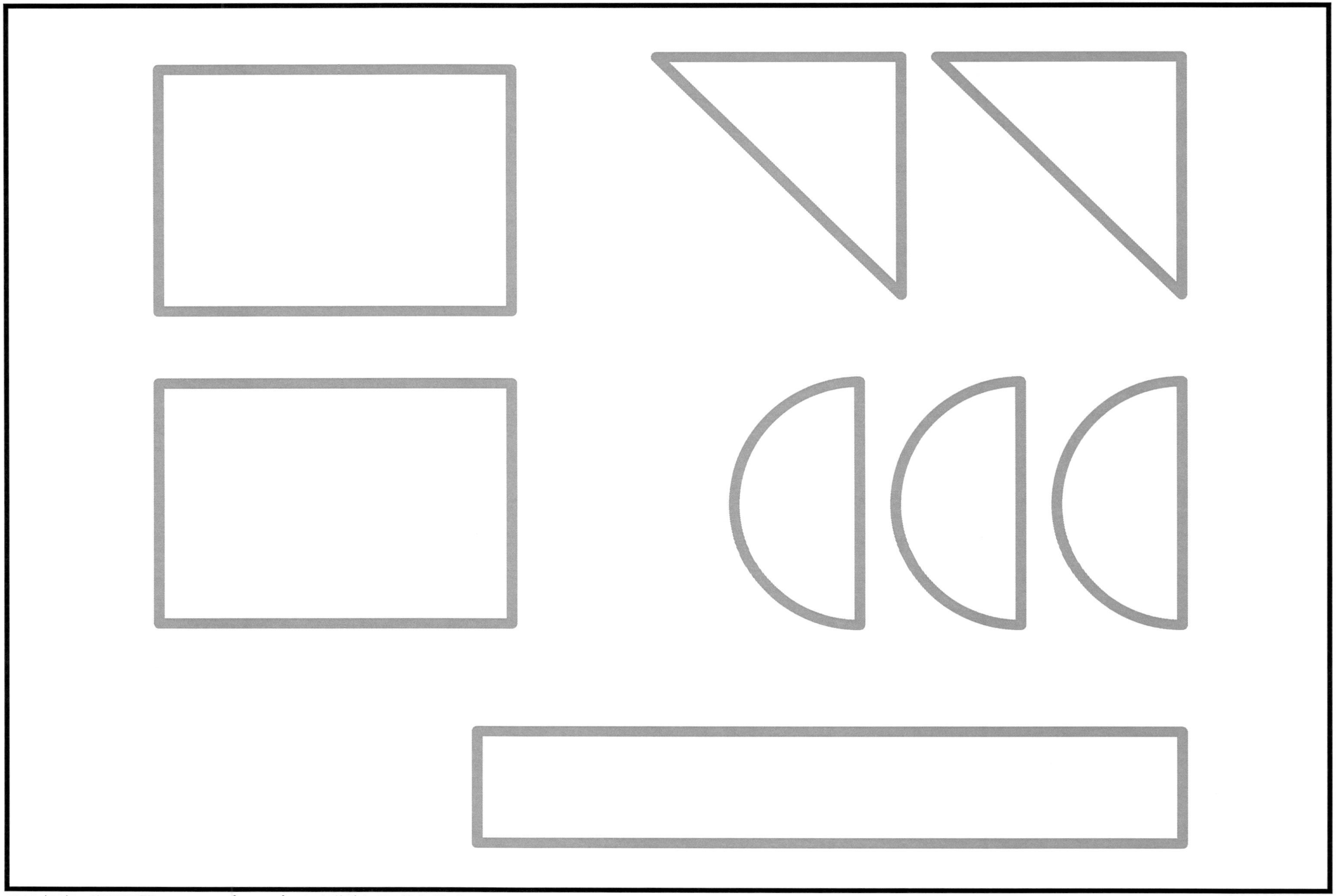

問題１４－１

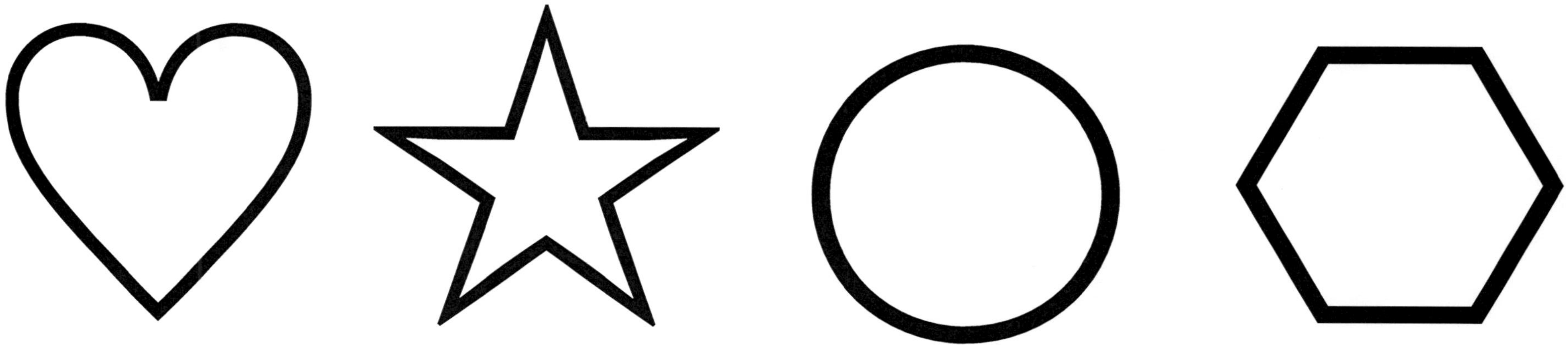

問題１４－２

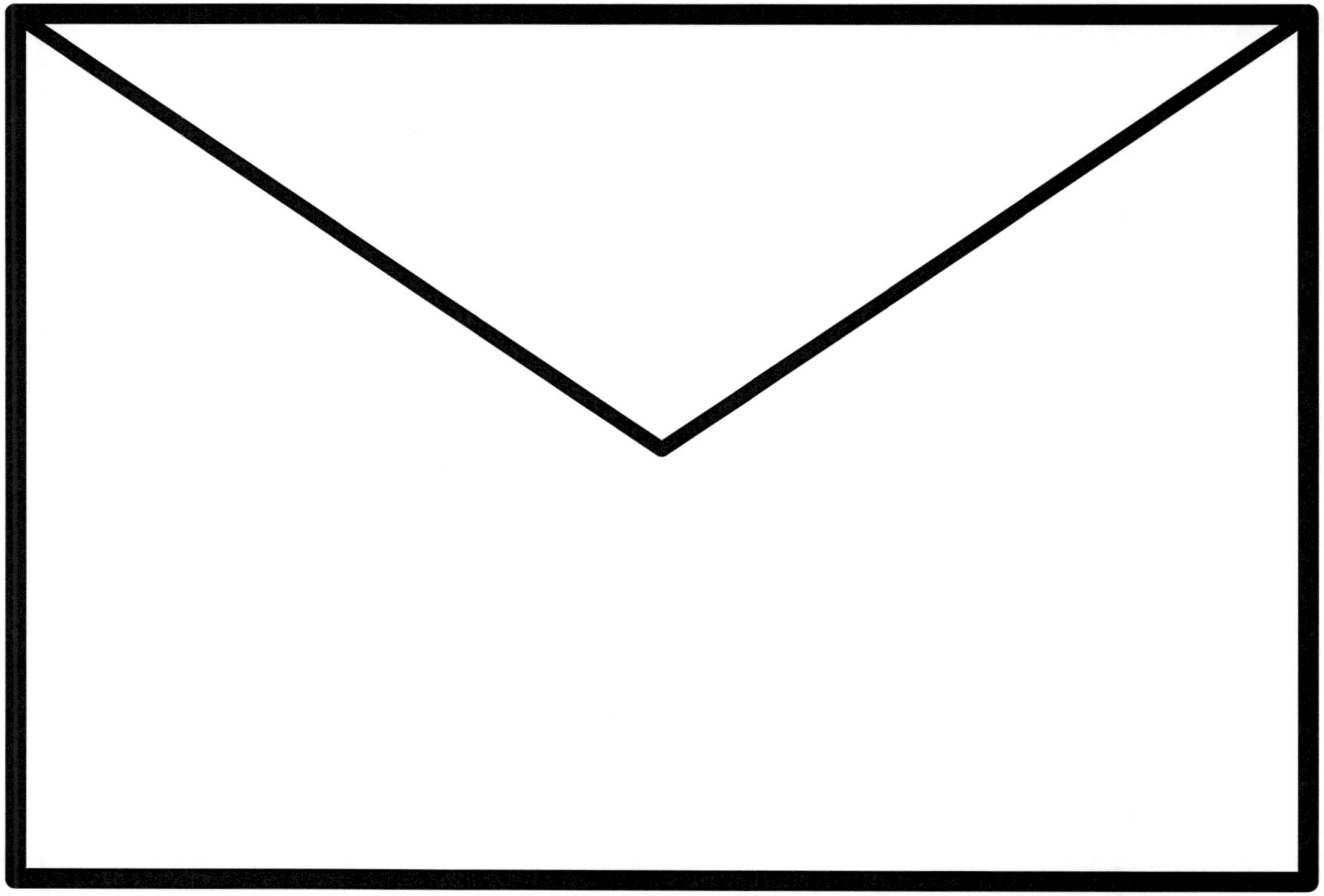

問題15

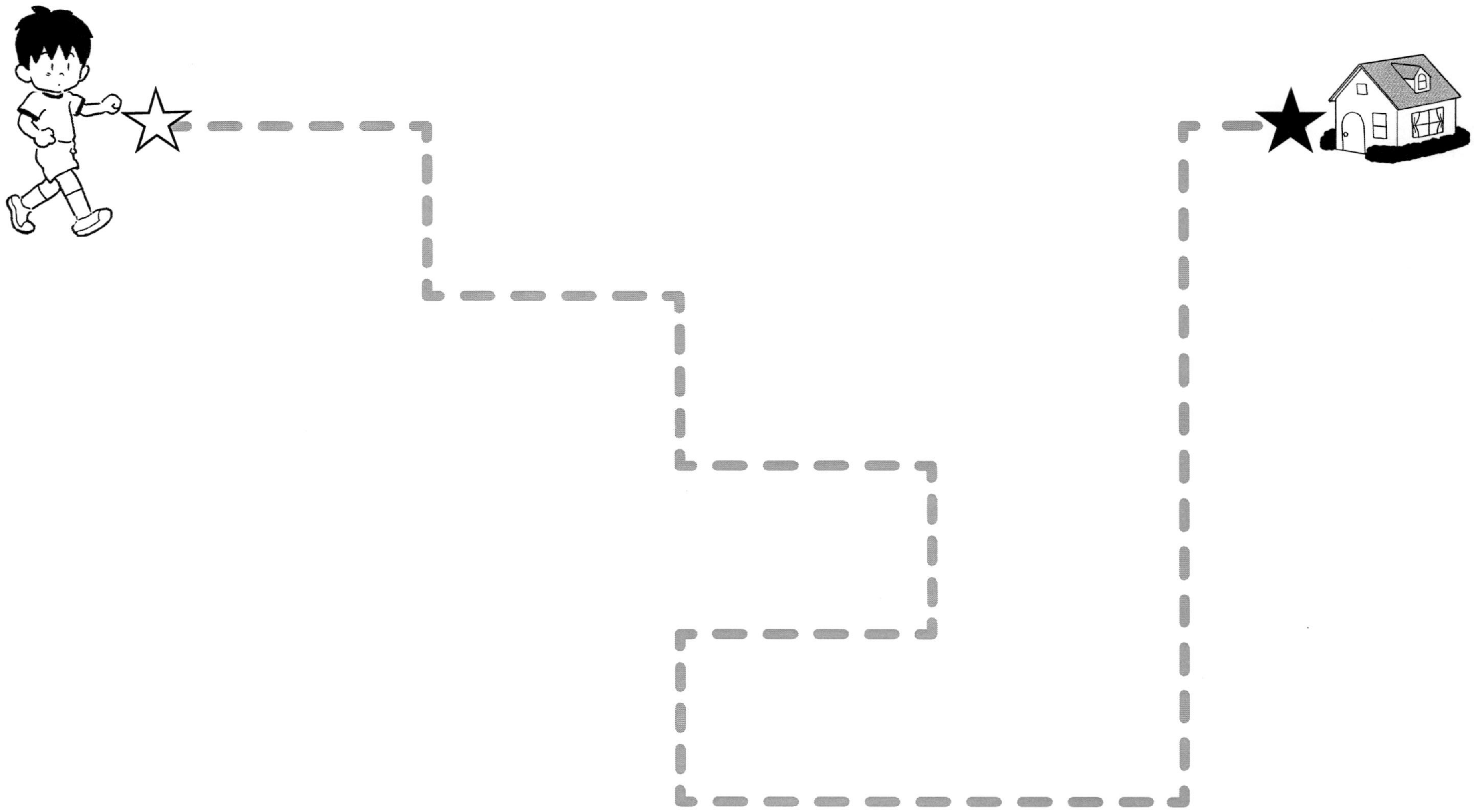

問題１６

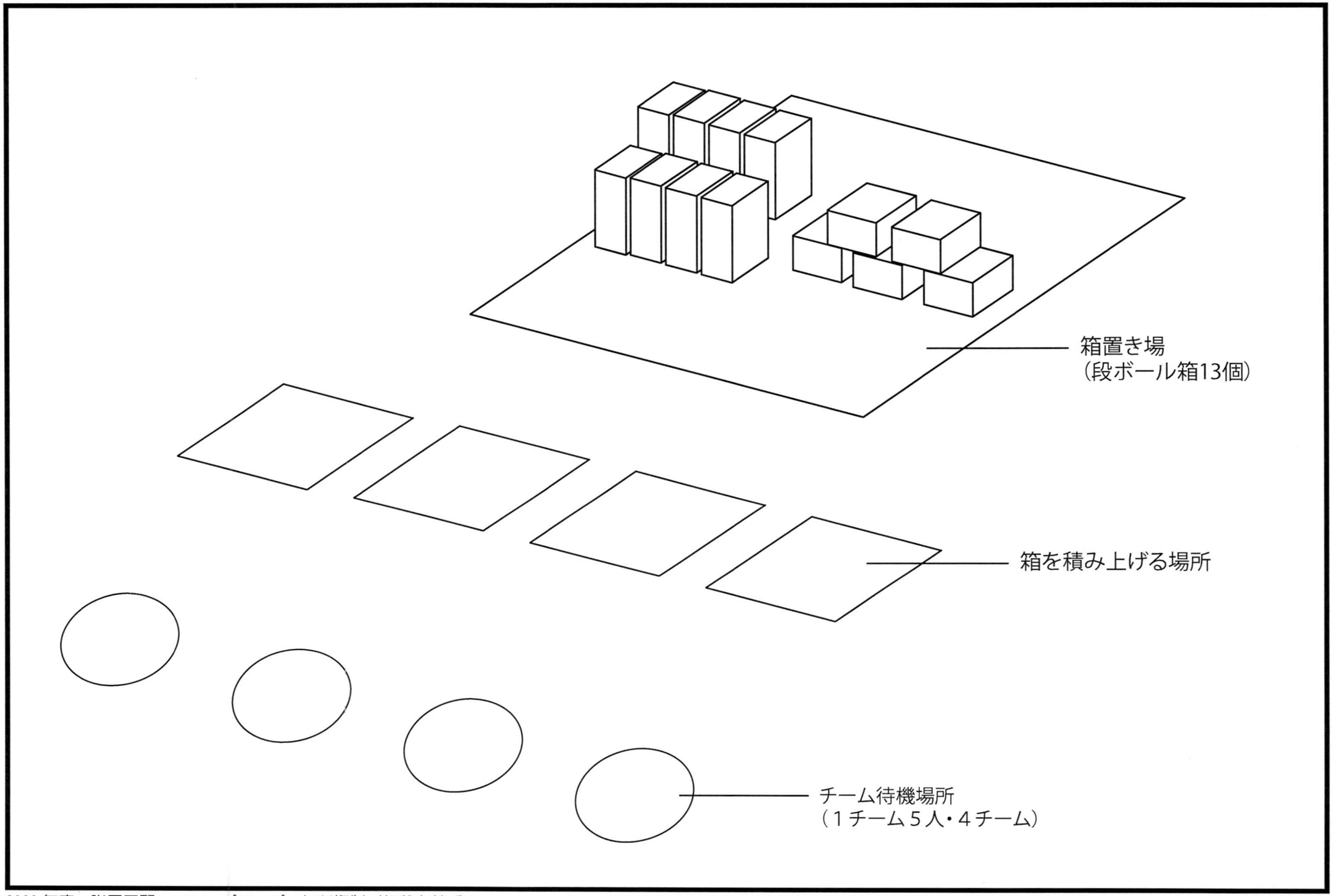
箱置き場
（段ボール箱13個）
箱を積み上げる場所
チーム待機場所
（１チーム５人・４チーム）

①

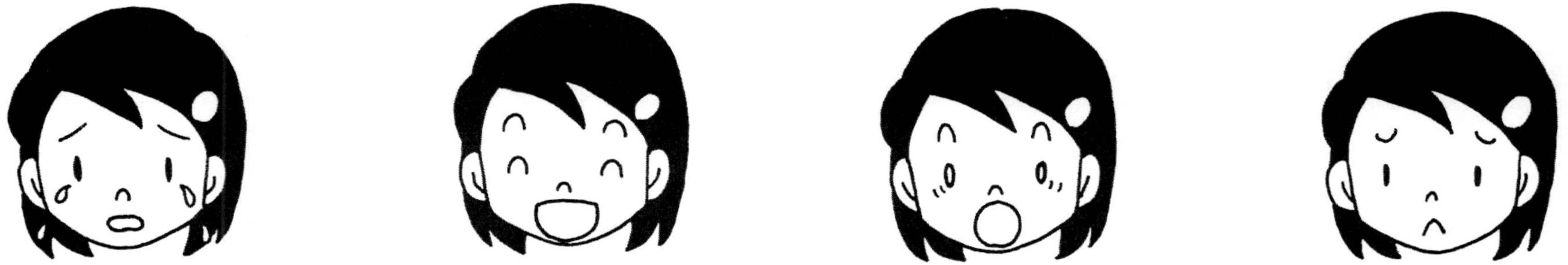

②

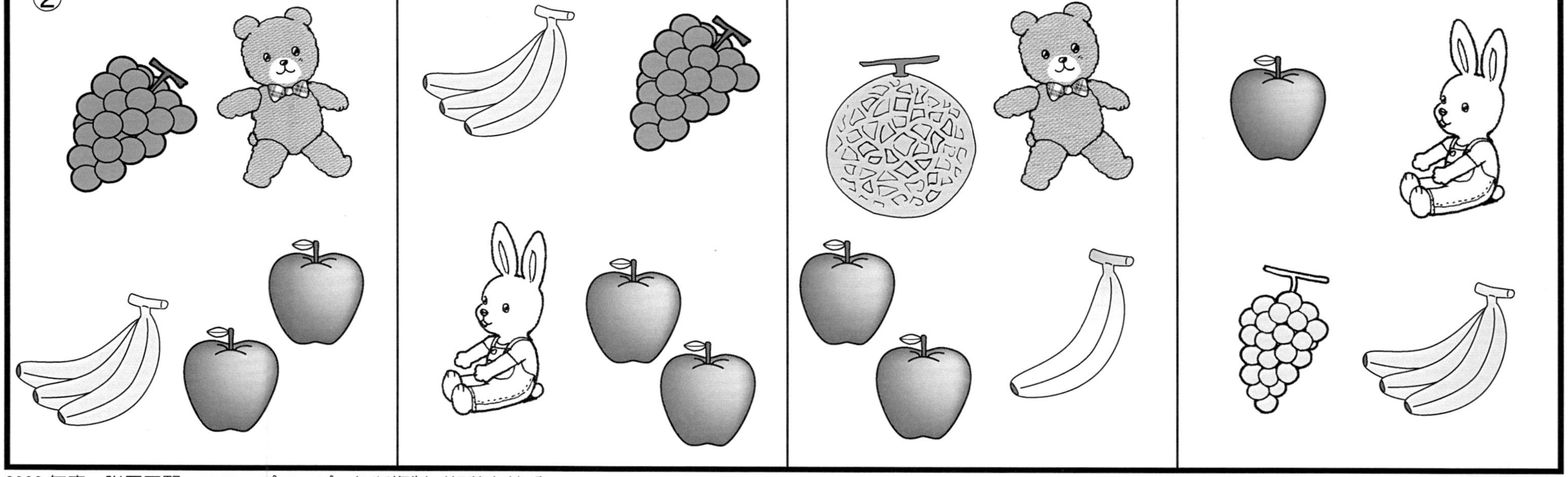

2022 年度　附属平野　ステップアップ　無断複製/転載を禁ずる　　日本学習図書株式会社

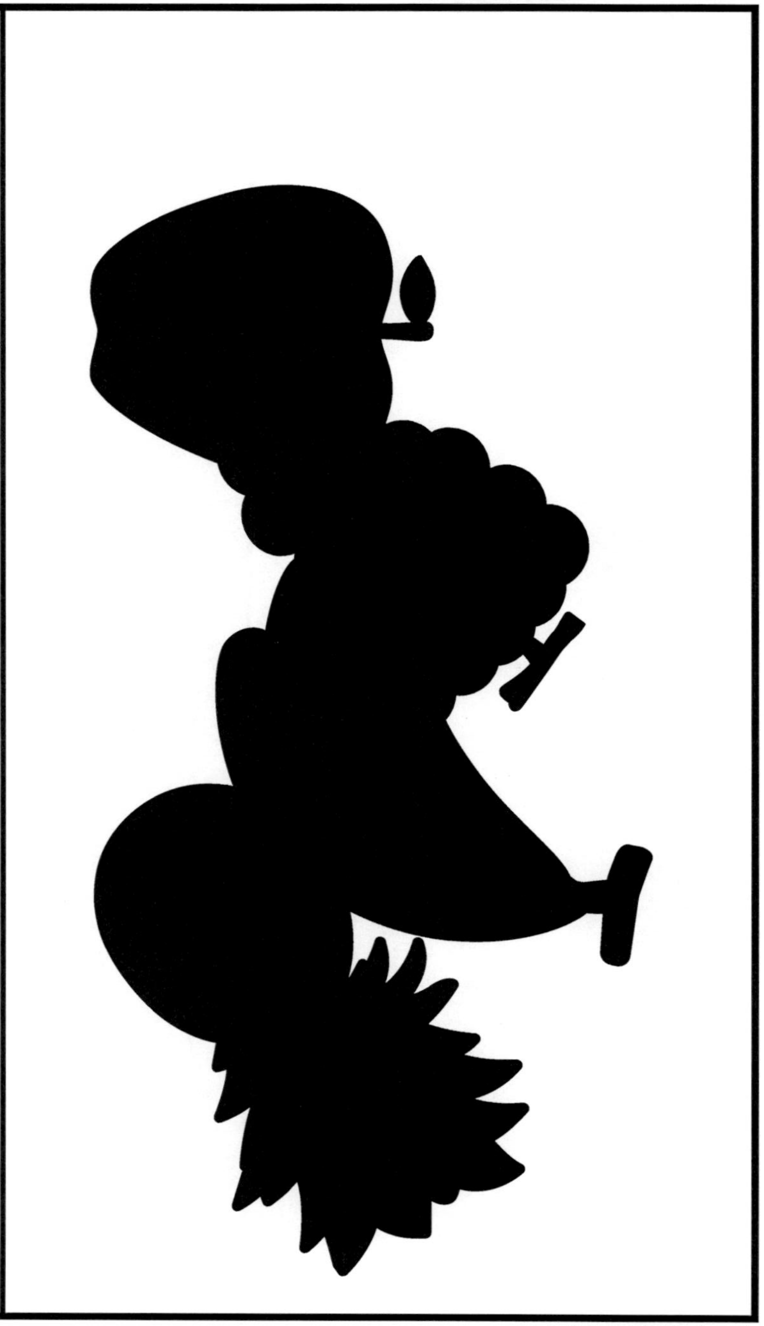

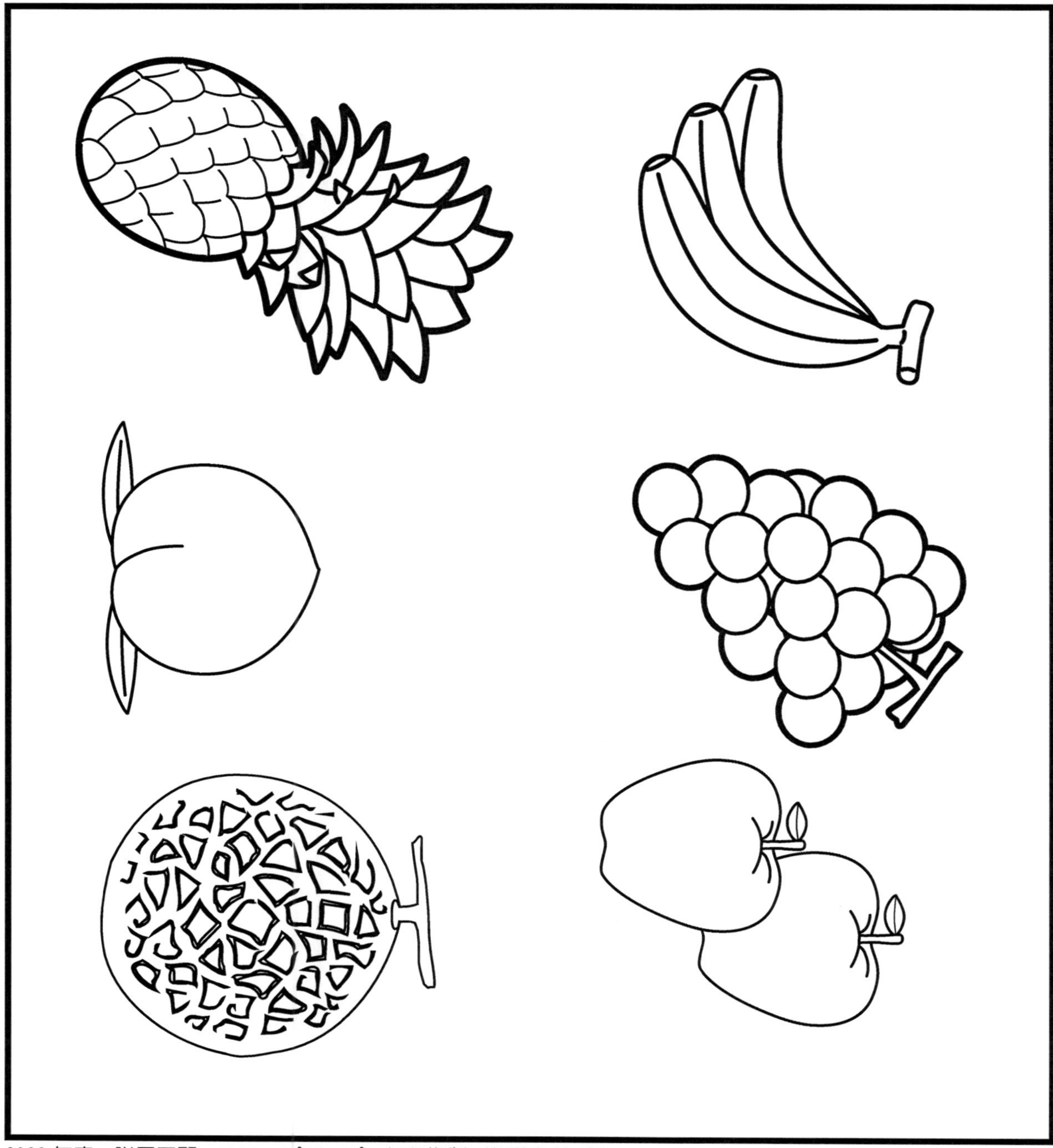

2022 年度　附属平野　ステップアップ　無断複製／転載を禁ずる　　日本学習図書株式会社

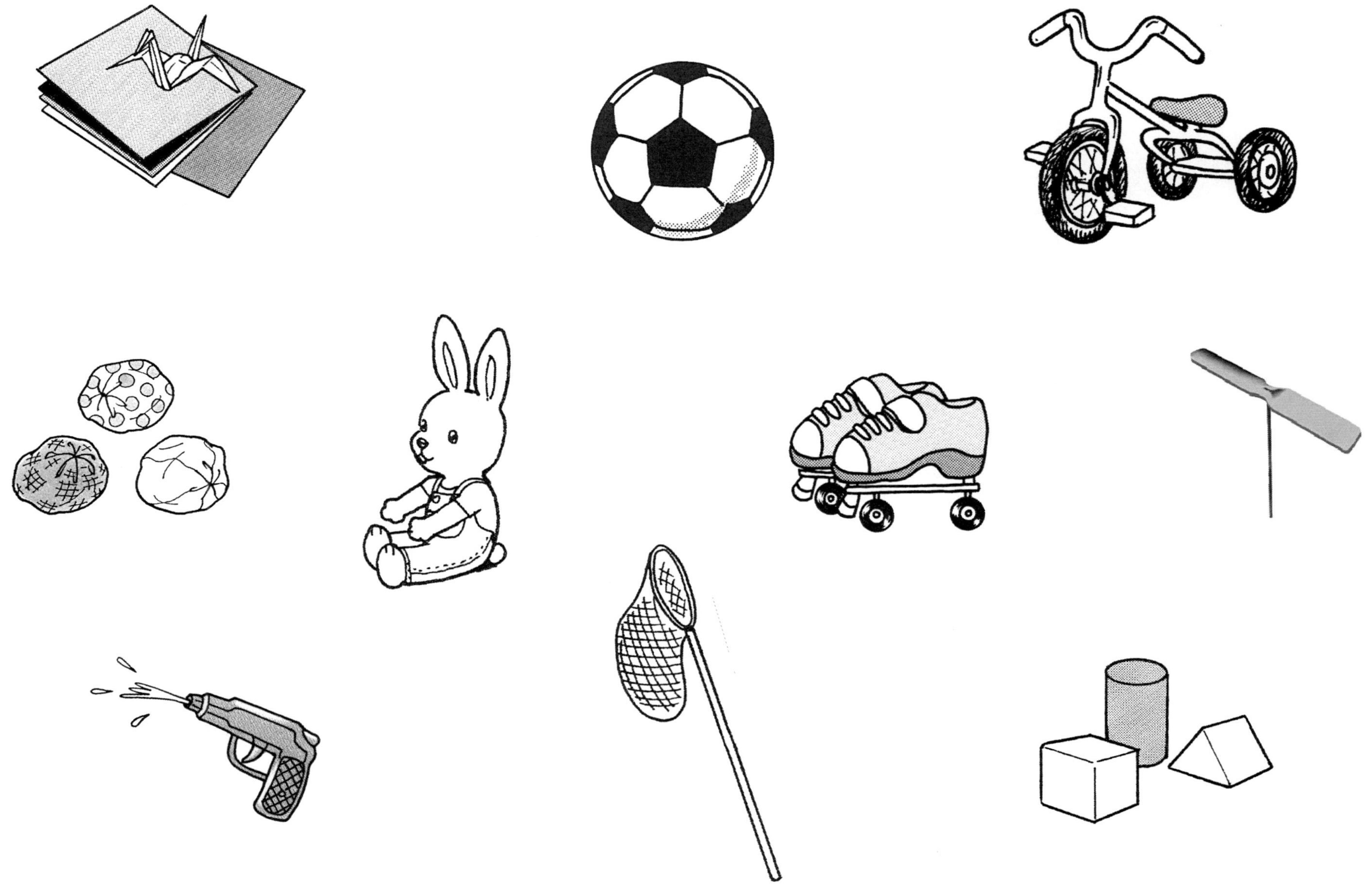

問題２０－１

チューリップの折り方

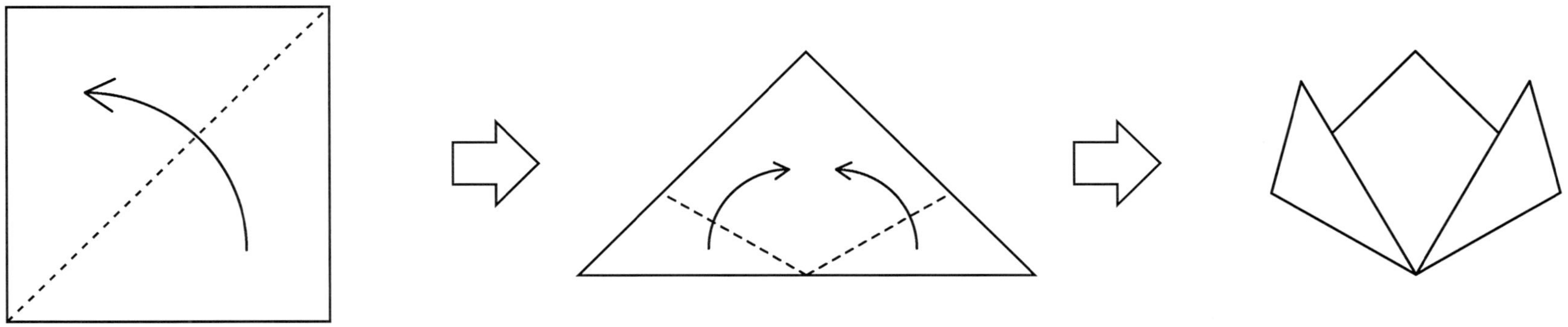

葉・茎の折り方

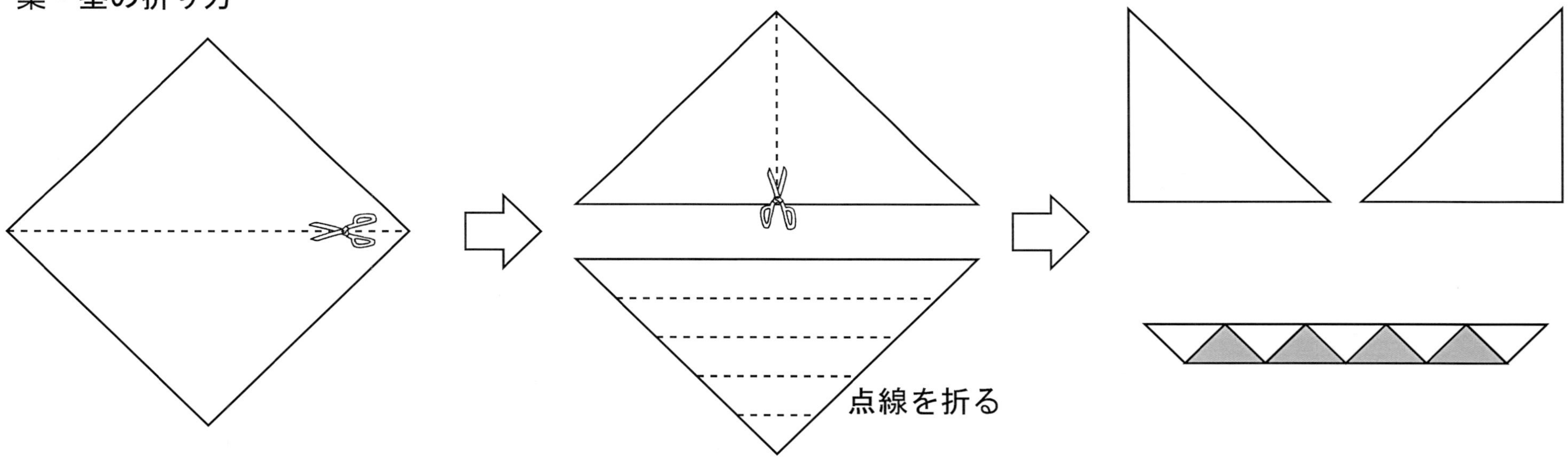

問題２０－２

問題２１

問題２２

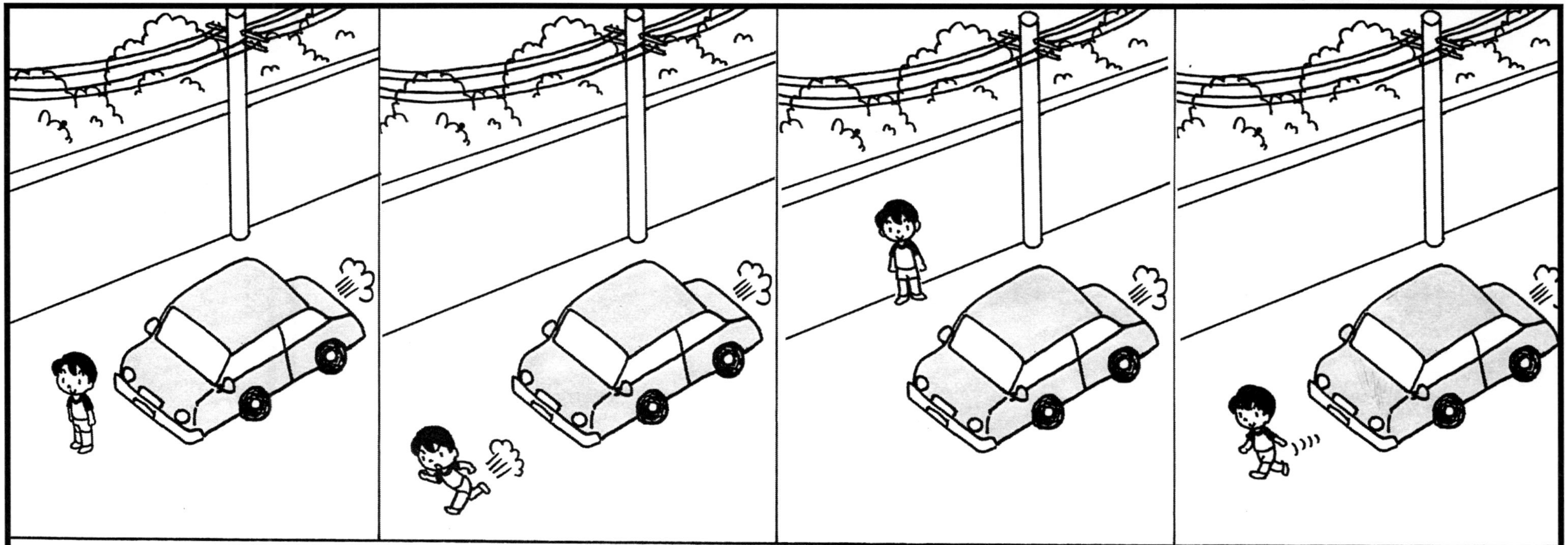

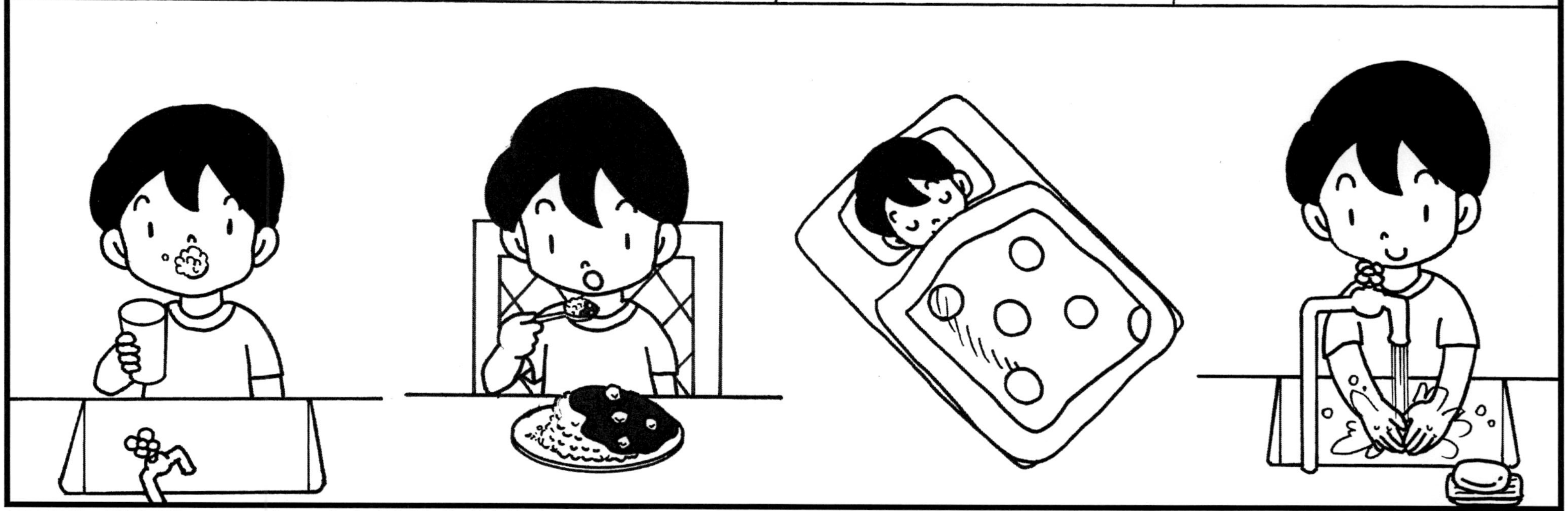

問題２３

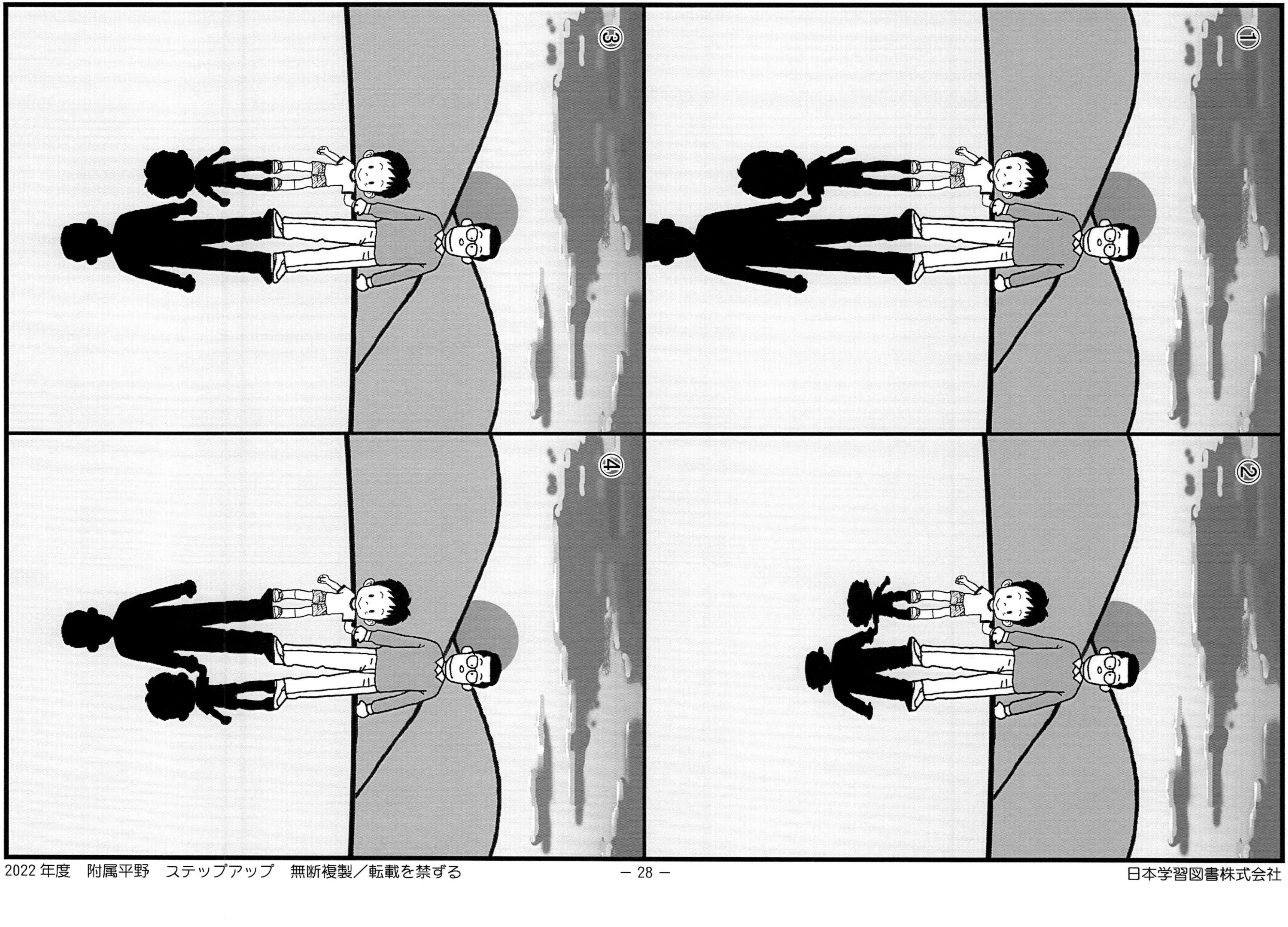

2022 年度　附属平野　ステップアップ　無断複製／転載を禁ずる　　日本学習図書株式会社

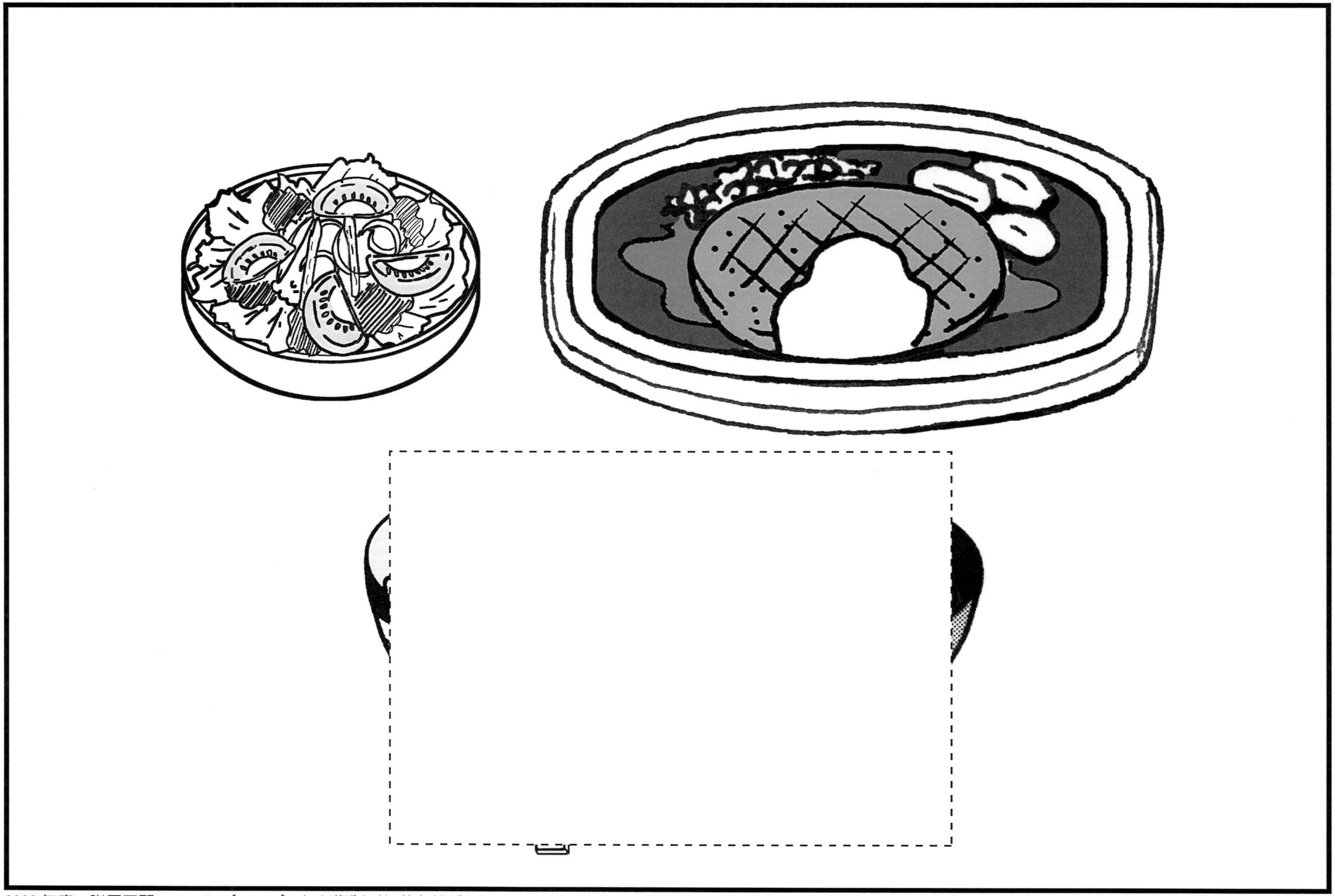

問題２４－２

①

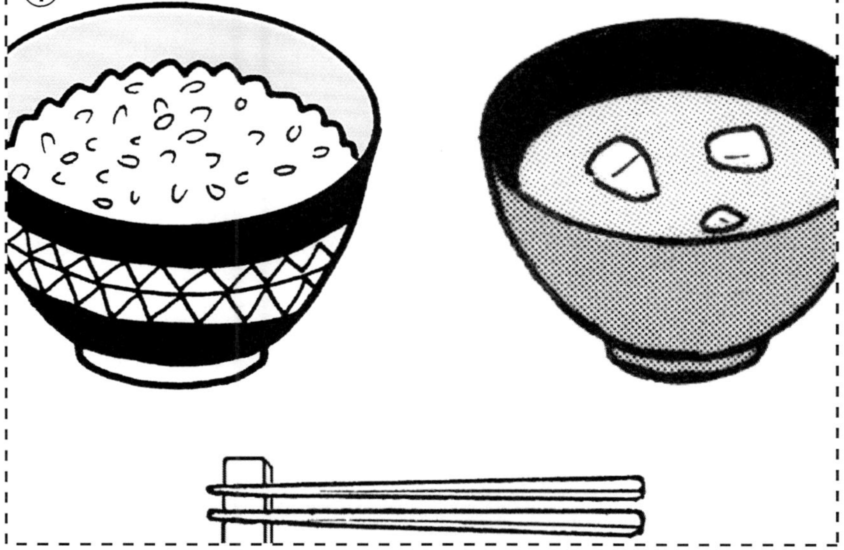

②

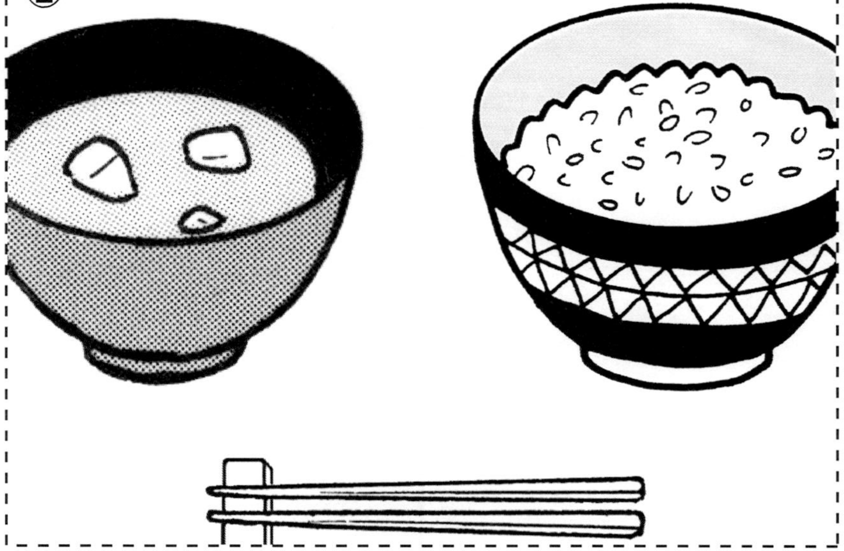

③

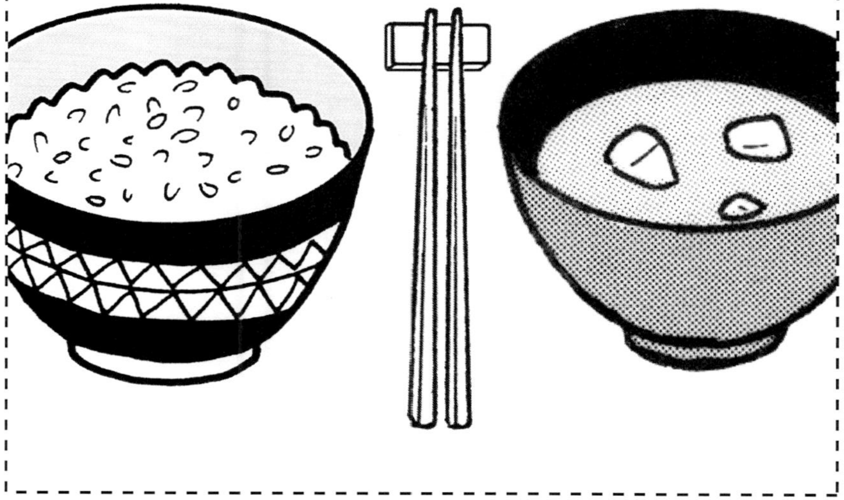

④

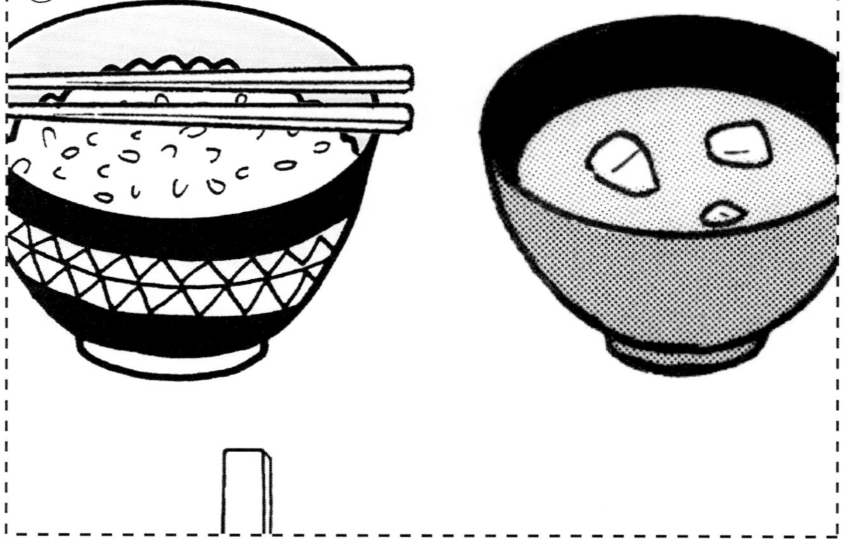

　

日本学習図書株式会社

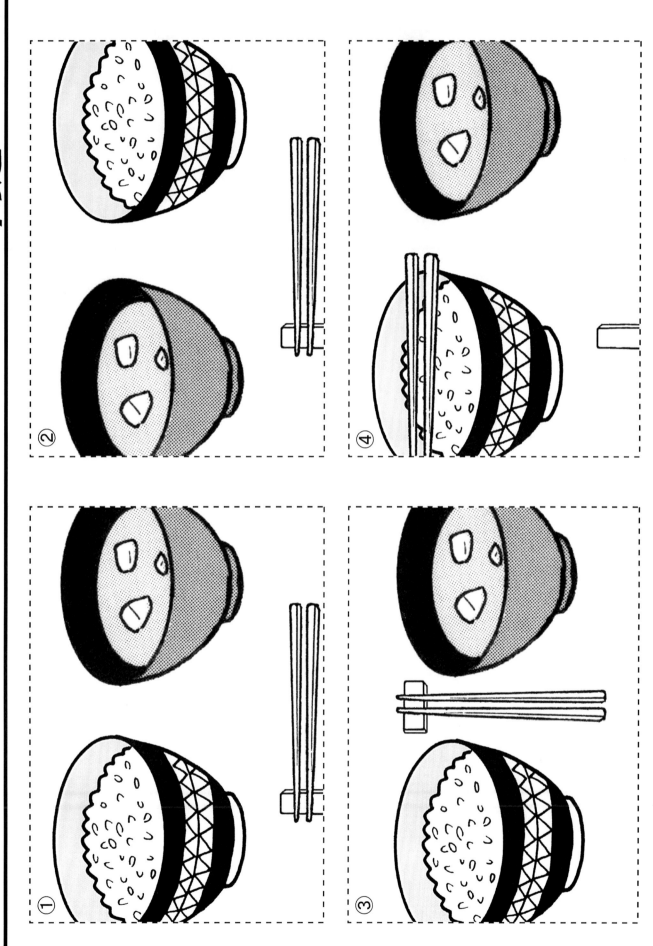

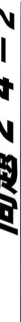

日本学習図書株式会社

2022 年度　附属平野　ステップアップ　無断複製／転載を禁ずる

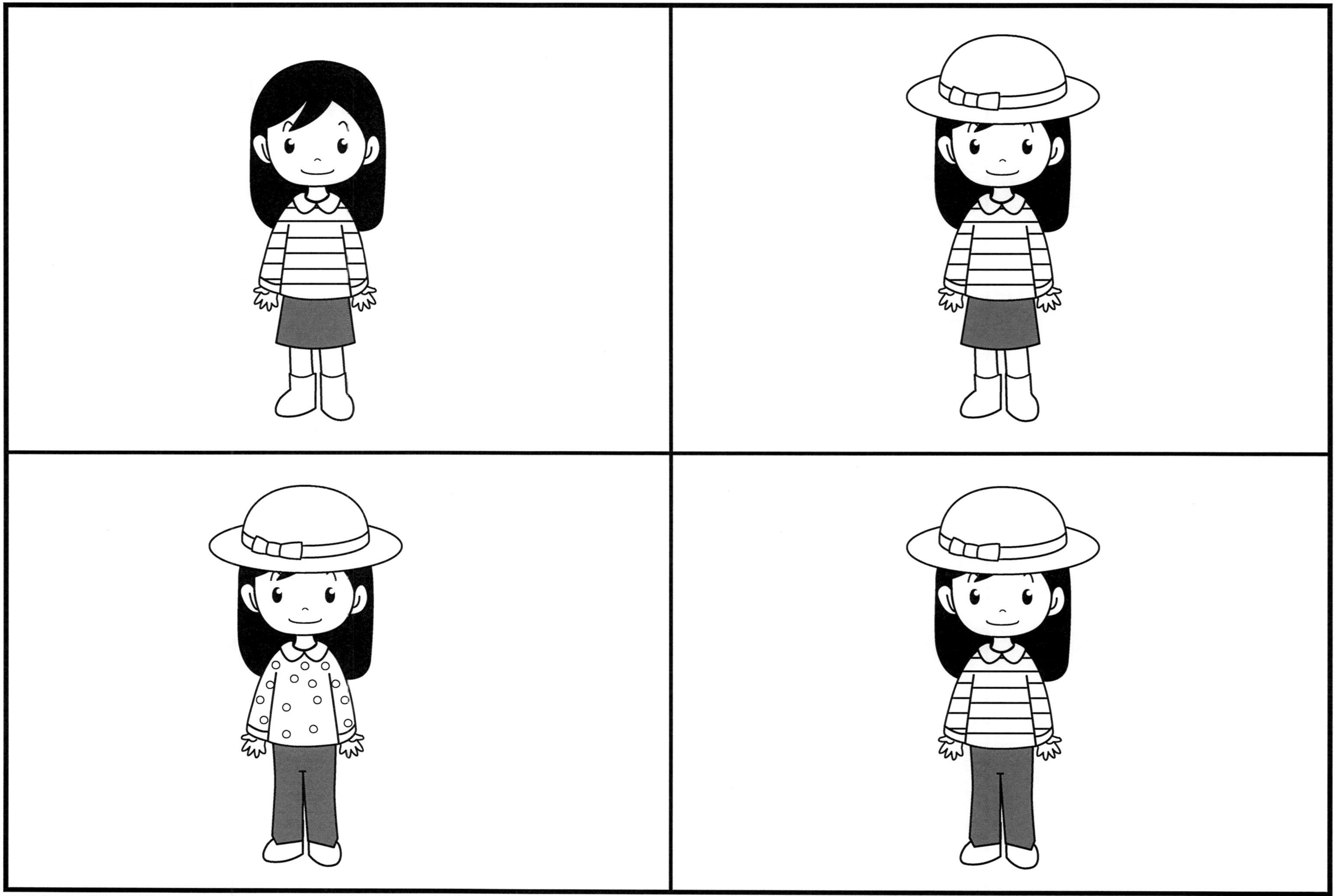

問題２６

日本学習図書株式会社

2022 年度　附属平野　ステップアップ　無断複製／転載を禁ずる　日本学習図書株式会社

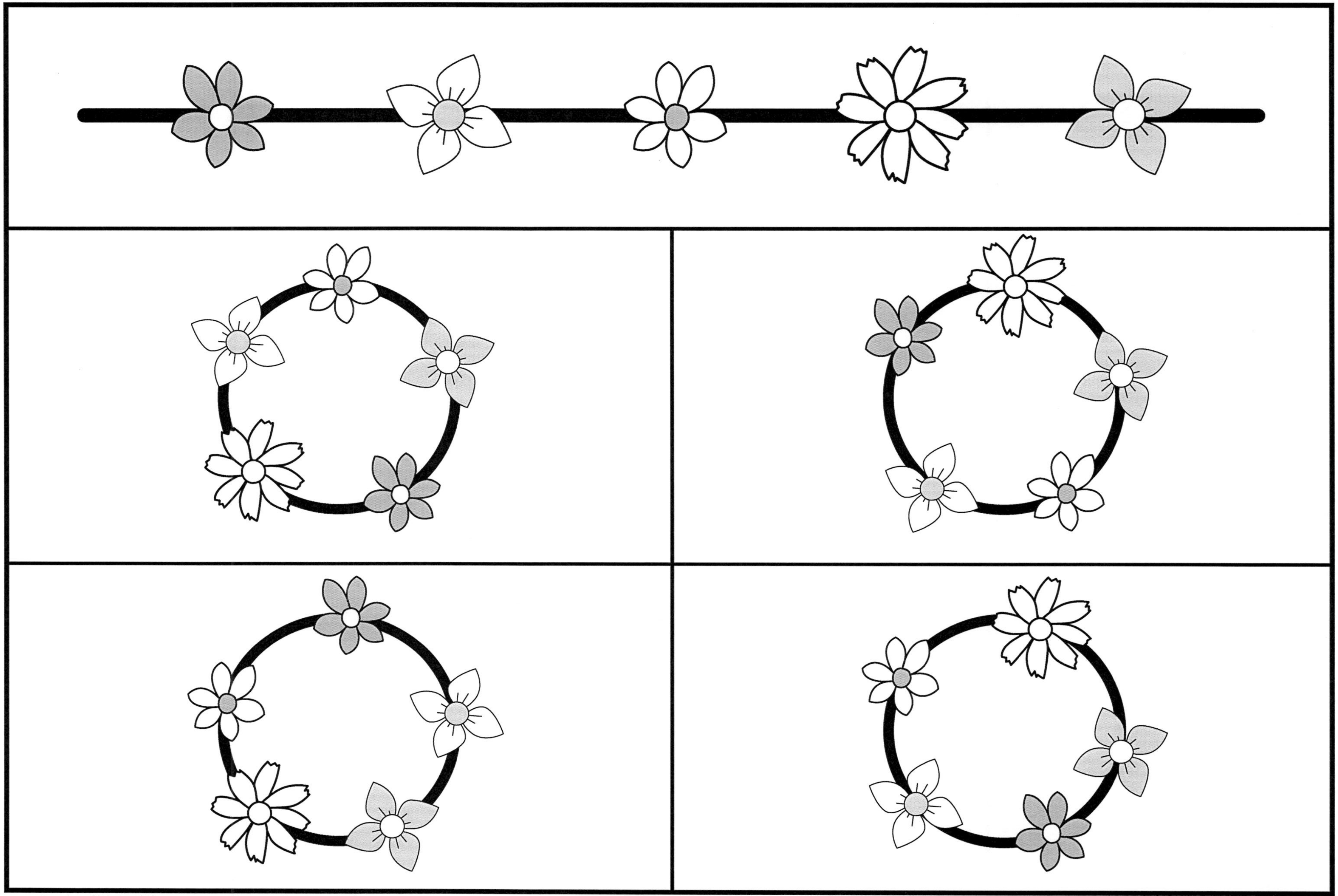

問題28

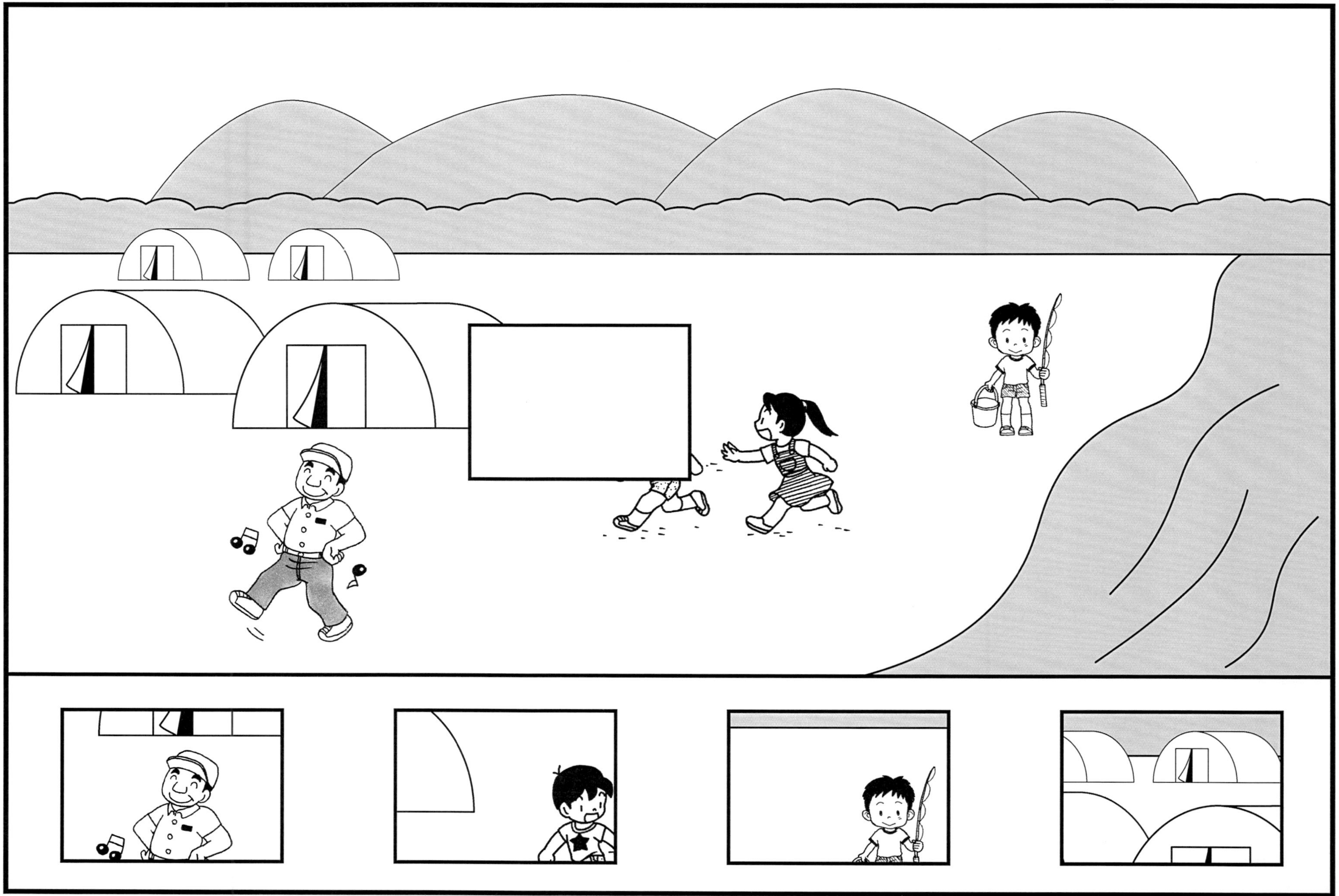

問題２９

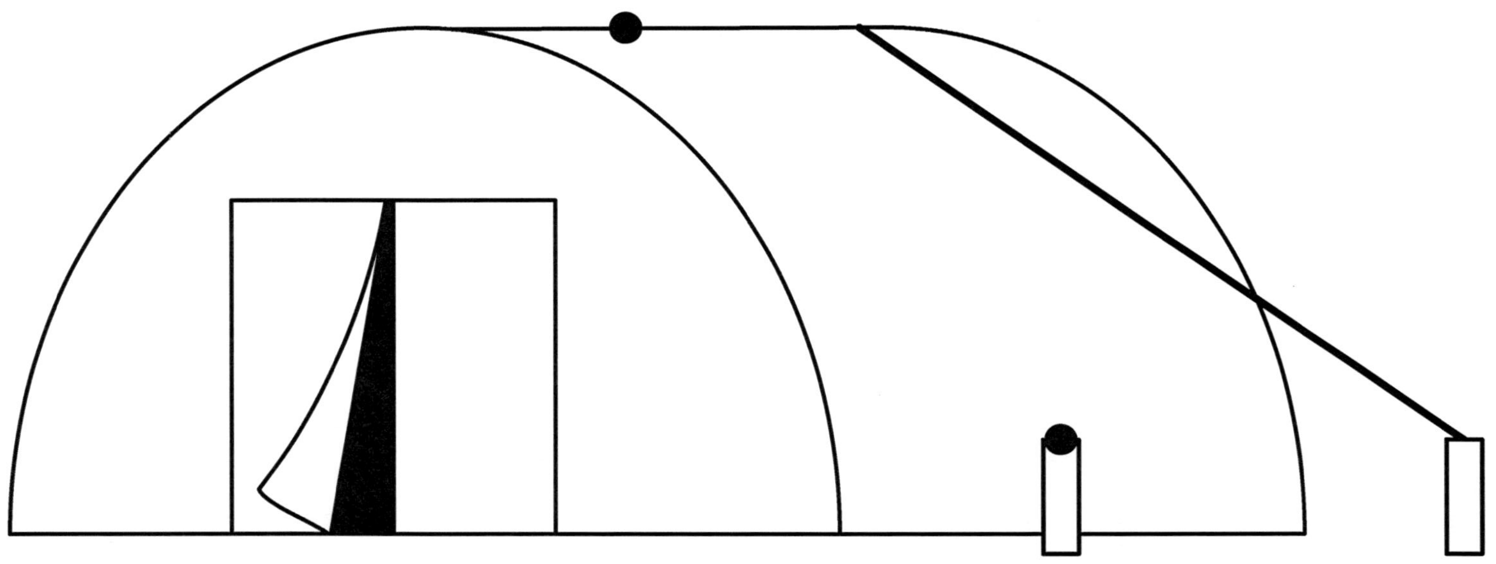

分野別 小学入試練習帳 ジュニアウォッチャー

1．点・線図形	小学校入試で出題頻度の高い『点・線図形』の模写を、難易度の低いものから段階別に幅広く練習することができるように構成。
2．座標	図形の位置模写という作業を、難易度の低いものから段階別に練習できるように構成。
3．パズル	様々なパズルの問題を難易度の低いものから段階別に練習できるように構成。
4．同図形探し	小学校入試で出題頻度の高い、同図形選びの問題を繰り返し練習できるように構成。
5．回転・展開	図形などを回転、または展開したとき、形がどのように変化するかを学習し、理解を深められるように構成。
6．系列	数、図形などの様々な系列問題を、難易度の低いものから段階別に練習できるように構成。
7．迷路	迷路の問題を繰り返し練習できるように構成。
8．対称	対称に関する問題を４つのテーマに分類し、各テーマごとに問題を段階別に練習できるように構成。
9．合成	図形の合成に関する問題を、難易度の低いものから段階別に練習できるように構成。
10．四方からの観察	もの（立体）を様々な角度から見て、どのように見えるかを推理する問題を段階別に整理し、１つの形式で複数の問題を練習できるように構成。
11．いろいろな仲間	ものや動物、植物の共通点を見つけ、分類していく問題を中心に構成。
12．日常生活	日常生活における様々な問題を６つのテーマに分類し、各テーマごとに一つの問題形式で複数の問題を練習できるように構成。
13．時間の流れ	『時間』に着目し、様々なものごとは、時間が経過するとどのように変化するのかということを学習し、理解できるように構成。
14．数える	様々なものを『数える』ことから、数の多少の判定やかけ算、わり算の基礎までを練習できるように構成。
15．比較	比較に関する問題を５つのテーマ（数、高さ、長さ、量、重さ）に分類し、各テーマごとに問題を段階別に練習できるように構成。
16．積み木	数える対象を積み木に限定した問題集。
17．言葉の音遊び	言葉の音に関する問題を５つのテーマに分類し、各テーマごとに問題を段階別に練習できるように構成。
18．いろいろな言葉	表現力をより豊かにするいろいろな言葉として、擬態語や擬声語、同音異義語、反意語、数詞を取り上げた問題集。
19．お話の記憶	お話を聴いてその内容を記憶、理解し、設問に答える形式の問題集。
20．見る記憶・聴く記憶	「見て憶える」「聴いて憶える」という『記憶』分野に特化した問題集。
21．お話作り	いくつかの絵を元にしてお話を作る練習をして、想像力を養うことができるように構成。
22．想像画	描かれてある形や景色に好きな絵を描くことにより、想像力を養うことができるように構成。
23．切る・貼る・塗る	小学校入試で出題頻度の高い、はさみやのりなどを用いた巧緻性の問題を繰り返し練習できるように構成。
24・絵画	小学校入試で出題頻度の高い、お絵かきやぬり絵などクレヨンやクーピーペンを用いた巧緻性の問題を繰り返し練習できるように構成。
25．生活巧緻性	小学校入試で出題頻度の高い日常生活の様々な場面における巧緻性の問題集。
26．文字・数字	ひらがなの清音、濁音、拗音、拗長音、促音と１～20までの数字に焦点を絞り、練習できるように構成。
27．理科	小学校入試で出題頻度が高くなりつつある理科の問題を集めた問題集。
28．運動	出題頻度の高い運動問題を種目別に分けて構成。
29．行動観察	項目ごとに問題提起をし、「このような時はどうか、あるいはどう対処するのか」の観点から問いかける形式の問題集。
30．生活習慣	学校から家庭に提起された問題と思って、一問一問絵を見ながら話し合い、考える形式の問題集。

31．推理思考	数、量、言語、常識（含理科、一般）など、諸々のジャンルから問題を構成し、近年の小学校入試問題傾向に沿って構成。
32．ブラックボックス	箱や筒の中を通ると、どのようなお約束でどのように変化するかを推理・思考する問題集。
33．シーソー	重さの違うものをシーソーに乗せた時どちらに傾くのか、またどうすればシーソーは釣り合うのかを思考する基礎的な問題集。
34．季節	様々な行事や植物などを季節別に分類できるように知識をつける問題集。
35．重ね図形	小学校入試で頻繁に出題されている「図形を重ね合わせてできる形」についての問題を集めました。
36．同数発見	様々な物を数え「同じ数」を発見し、数の多少の判断や数の認識の基礎を学べるように構成した問題集。
37．選んで数える	数の学習の基本となる、いろいろなものの数を正しく数える学習を行う問題集。
38．たし算・ひき算１	数字を使わず、たし算とひき算の基礎を身につけるための問題集。
39．たし算・ひき算２	数字を使わず、たし算とひき算の基礎を身につけるための問題集。
40．数を分ける	数を等しく分ける問題です。等しく分けたときに余りが出るものもあります。
41．数の構成	ある数がどのような数で構成されているか学んでいきます。
42．一対多の対応	一対一の対応から、一対多の対応まで、かけ算の考え方の基礎学習を行います。
43．数のやりとり	あげたり、もらったり、数の変化をしっかりと学びます。
44．見えない数	指定された条件から数を導き出します。
45．図形分割	図形の分割に関する問題集。パズルや合成の分野にも通じる様々な問題を集めました。
46．回転図形	「回転図形」に関する問題集。やさしい問題から始め、いくつかの代表的なパターンから、段階を踏んで学習できるよう編集されています。
47．座標の移動	「マス目の指示通りに移動する問題」と「指示された数だけ移動する問題」を収録。
48．鏡図形	鏡で左右反転させた時の見え方を考えます。平面図形から立体図形、文字、絵まで。
49．しりとり	すべての学習の基礎となる「言葉」を学ぶこと、特に「語彙」を増やすことに重点をおき、さまざまなタイプの「しりとり」問題を集めました。
50．観覧車	観覧車やメリーゴーラウンドなどを舞台にした「回転系列」の問題集。「推理思考」分野の問題ですが、要素として「図形」や「数量」も含みます。
51．運筆①	鉛筆の持ち方を学び、点線なぞり、お手本を見ながらの模写で、線を引く練習をします。
52．運筆②	運筆①からさらに発展し、「欠所補完」や「迷路」などを楽しみながら、より複雑な鉛筆運びを習得することを目指します。
53．四方からの観察 積み木編	積み木を使用した「四方からの観察」に関する問題を練習できるように構成。
54．図形の構成	見本の図形がどのような部分によって形づくられているかを考えます。
55．理科②	理科的知識に関する問題を集中して練習する「常識」分野の問題集。
56．マナーとルール	道路や駅、公共の場でのマナー、安全や衛生に関する常識を学べるように構成。
57．置き換え	さまざまな具体的・抽象的事象を記号で表す「置き換え」の問題を扱います。
58．比較②	長さ・高さ・体積・数などを数学的な知識を使わず、論理的に推測する「比較」の問題を練習できるように構成。
59．欠所補完	線と線のつながり、欠けた絵に当てはまるものなどを求める「欠所補完」に取り組める問題集です。
60．言葉の音（おん）	しりとり、決まった順番の音をつなげるなど、「言葉の音」に関する問題に取り組める練習問題集です。

◆◆ニチガクのおすすめ問題集◆◆

より充実した家庭学習を目指し、ニチガクではさまざまな問題集をとりそろえております!!

ジュニアウォッチャー（既刊60巻）

①～⑥⓪（以下続刊）
本体各￥1,500＋税

入試出題頻度の高い9分野を、さらに60の項目に細分化した問題集が出来ました。
苦手分野におけるつまずきを効率よく克服するための60冊となっており、小学校受験における基礎学習にぴったりの問題集です。ポイントが絞られているため、無駄なく学習を進められる、まさに小学校受験問題集の入門編です。

国立・私立NEWウォッチャーズ

言語／理科／図形／記憶
常識／数量／推理
各2巻・全14巻
本体各￥2,000＋税

シリーズ累計発行部数40万部以上を誇る大ベストセラー「ウォッチャーズシリーズ」の趣旨を引き継ぐ新シリーズができました！
こちらは国立・私立それぞれの出題傾向に合わせた分野別問題集です。全問「解答のポイント」「ミシン目」付き、切り離し可能なプリント学習タイプで家庭学習におすすめです！

まいにちウォッチャーズ（全16巻）

導入編／練習編
実践編／応用編　各4巻
本体各￥2,000＋税

シリーズ累計発行部数40万部以上を誇る大ベストセラー「ウォッチャーズシリーズ」の趣旨を引き継ぐ新シリーズができました！
こちらは、お子さまの学習進度に合わせ、全分野を網羅できる総合問題集です。全問「解答のポイント」「ミシン目」付き、切り離し可能なプリント学習タイプで家庭学習におすすめです！

実践 ゆびさきトレーニング①・②・③

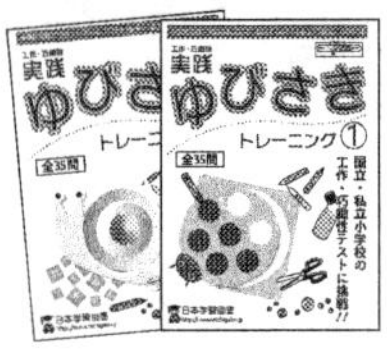

①・②・③　全3巻
本体　各￥2,500＋税

制作問題に特化した問題集ができました。
有名校が実際に出題した問題を分析し、類題を各35問ずつ掲載しています。様々な道具の扱い方（はさみ・のり・セロハンテープの使い方）から、手先・指先の訓練（ちぎる・貼る・塗る・切る・結ぶ）、表現することの楽しさも学習することができる問題集です。

お話の記憶問題集

初級編
本体￥2,600＋税
中級編／上級編
本体￥2,000＋税

「お話の記憶」分野の問題集ができました。
あらゆる学習に不可欠な、語彙力・集中力・記憶力・理解力・想像力を養うと言われているのが「お話の記憶」という分野です。難易度別に収録されていますので、まずは初級編、慣れてきたら中級編・上級編と学習を進められます。

分野別 苦手克服シリーズ（全6巻）

図形／数量／言語
常識／記憶／推理
本体各￥2,000＋税

お子さまの苦手を克服する問題集ができました。
アンケートに基づき、多くのお子さまが苦手とする数量・図形・言語・常識・記憶の6分野を、それぞれ問題集にまとめました。全問アドバイス付きですので、ご家庭において、そのつまづきを解消するためのプロセスも理解できます。

運動テスト・ノンペーパーテスト問題集

新 運動テスト問題集
本体￥2,200＋税

新 ノンペーパーテスト問題集
本体￥2,600＋税

ノンペーパーテストは国立・私立小学校で幅広く出題される、筆記用具を使用しない分野の問題を全40問掲載しています。
運動テスト問題集は運動分野に特化した問題集です。指示の理解や、ルールを守る訓練など、ポイントを押さえた学習に最適。全35問掲載。

口頭試問・面接テスト問題集

新 口頭試問・個別テスト問題集
本体￥2,500＋税

面接テスト問題集
本体￥2,000＋税

口頭試問は主に個別テストとして口頭で出題解答を行うテスト形式、面接は主に「考え」やふだんの「あり方」をたずねられるものです。
口頭で答える点は同じですが、内容は大きく異なります。想定する質問内容や答え方の幅を広げるために、どちらも手にとっていただきたい問題集です。

小学校受験 厳選難問集　①・②

①・②・③　全3巻
本体各￥2,600＋税

実際に出題された入試問題の中から、難易度の高い問題をピックアップし、アレンジした問題集です。応用問題への挑戦は、基礎の理解度を測るだけでなく、お子さまの達成感・知的好奇心を触発します。
①は数量・図形・推理・言語、②は位置・常識・比較・記憶分野を掲載しています。各40問。

国立小学校　入試問題総集編

A・B・C（全3巻）
本体各￥3,282＋税

国立小学校頻出の問題を厳選して収録した問題集です。細かな指導方法やアドバイスが掲載してあり、効率的な学習が進められます。
難易度別の収録となっており、お子さまの学習進度に合わせて利用できます。付録のレーダーチャートにより得意・不得意を認識でき、国立小学校受験対策に最適な総合問題集です。

おうちでチャレンジ　①・②

①・②　全2巻
本体　各￥1,800＋税

関西最大級の模擬試験『小学校受験標準テスト』ペーパー問題を編集した、実力養成に最適な問題集です。延べ受験者数10,000人以上のデータを分析し、お子さまの習熟度・到達度を一目で判別できるようになっています。
保護者必読の特別アドバイス収録！学習習熟度を測るためにも、定期的に活用したい一冊です。

Q＆Aシリーズ

『小学校受験で知っておくべき125のこと』
『新 小学校受験の入試面接Q＆A』
『新 小学校受験 願書・アンケート文例集500』

本体各￥2,600＋税

「知りたい！」「聞きたい！」
「こんな時どうすれば…？」
そんな疑問や悩みにお答えする、当社で人気の保護者向け書籍です。受験を考え始めた保護者の方や、実際に入試の出願・面接などを控えている直前の保護者の方など、さまざまな場面で参考にしていただける書籍となっています。

書籍についてのご注文・お問い合わせ
☎ 03-5261-8951

http://www.nichigaku.jp
※ご注文方法、書籍についての詳細は、Webサイトをご覧ください。

日本学習図書　検索

『読み聞かせ』×『質問』＝『聞く力』

お話の記憶の練習に最適

1話5分の読み聞かせお話集①②

「アラビアン・ナイト」「アンデルセン童話」「イソップ寓話」「グリム童話」、日本や各国の民話、昔話、偉人伝の中から、教育的な物語や、過去に小学校入試でも出題された有名なお話を中心に掲載。お話ごとに、内容に関連したお子さまへの質問も掲載しています。「読み聞かせ」を通して、お子さまの『聞く力』を伸ばすことを目指します。　①巻・②巻　各48話

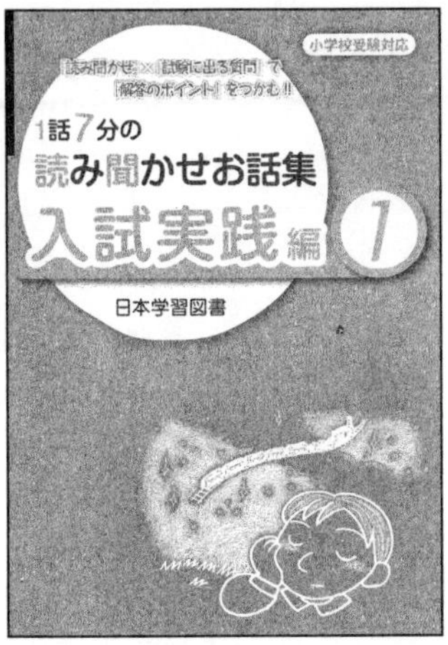

1話7分の読み聞かせお話集 入試実践編①

国立・私立小学校受験対応

最長1,700文字の長文のお話を掲載。有名でない＝「聞いたことのない」お話を聞くことで、『集中力』のアップを目指します。設問も、実際の試験を意識した設問としています。ペーパーテスト実施校の多くが「お話の記憶」の問題を出題します。毎日の「読み聞かせ」と「試験に出る質問」で、「解答のポイント」をつかんで臨みましょう！　50話収録

ニチガクの　この5冊で受験準備も万全！

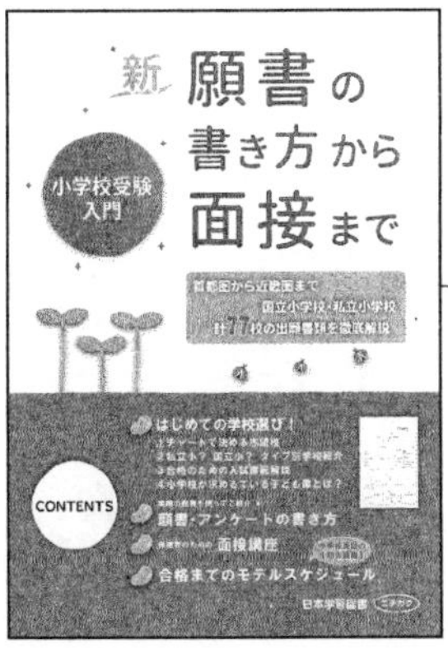

小学校受験入門
願書の書き方から面接まで　リニューアル版

主要私立・国立小学校の願書・面接内容を中心に、学校選びや入試の分野傾向、服装コーディネート、持ち物リストなども網羅し、受験準備全体をサポートします。

小学校受験で
知っておくべき 125のこと

小学校受験の基本から怪しい「ウワサ」まで、保護者の方々からの 125 の質問にていねいに解答。目からウロコのお受験本。

新　小学校受験の
入試面接Q＆A　リニューアル版

過去十数年に遡り、面接での質問内容を網羅。小学校別、父親・母親・志願者別、さらに学校のこと・志望動機・お子さまについてなど分野ごとに模範解答例やアドバイスを掲載。

新　願書・アンケート
文例集 500　リニューアル版

有名私立小、難関国立小の願書やアンケートに記入するための適切な文例を、質問の項目別に収録。合格を掴むためのヒントが満載！願書を書く前に、ぜひ一度お読みください。

小学校受験に関する
保護者の悩みQ＆A

保護者の方約 1,000 人に、学習・生活・躾に関する悩みや問題を取材。その中から厳選した 200 例以上の悩みに、「ふだんの生活」と「入試直前」のアドバイス2本立てで悩みを解決。

日本学習図書株式会社

図書カード 1000 円分プレゼント

ご記入日　　　年　　月　　日

☆国・私立小学校受験アンケート☆

※可能な範囲でご記入下さい。選択肢は○で囲んで下さい。

〈小学校名〉＿＿＿＿＿＿＿＿＿＿　〈お子さまの性別〉男・女　〈誕生月〉＿＿月

〈その他の受験校〉（複数回答可）＿＿＿＿＿＿＿＿＿＿＿＿＿＿＿＿

〈受験日〉①：＿＿月＿＿日〈時間〉＿＿時＿＿分　～　＿＿時＿＿分

②：＿＿月＿＿日〈時間〉＿＿時＿＿分　～　＿＿時＿＿分

〈受験者数〉男女計＿＿名（男子＿＿名　女子＿＿名）

〈お子さまの服装〉＿＿＿＿＿＿＿＿＿＿＿＿＿＿＿＿

〈入試全体の流れ〉（記入例）準備体操→行動観察→ペーパーテスト

＿＿＿＿＿＿＿＿＿＿＿＿＿＿＿＿＿＿＿＿＿＿＿＿

Eメールによる情報提供

日本学習図書では、Eメールでも入試情報を募集しております。

下記のアドレスに、アンケートの内容をご入力の上、メールをお送り下さい。

ojuken@nichigaku.jp

●行動観察　（例）好きなおもちゃで遊ぶ・グループで協力するゲームなど

〈実施日〉＿＿月＿＿日〈時間〉＿＿時＿＿分　～　＿＿時＿＿分〈着替え〉□有　□無

〈出題方法〉□肉声　□録音　□その他（　　　　　）〈お手本〉□有　□無

〈試験形態〉□個別　□集団（　　　人程度）

〈会場図〉

〈内容〉

□自由遊び

＿＿＿＿＿＿＿＿＿＿＿＿＿＿＿＿＿＿＿＿

□グループ活動

＿＿＿＿＿＿＿＿＿＿＿＿＿＿＿＿＿＿＿＿

□その他

＿＿＿＿＿＿＿＿＿＿＿＿＿＿＿＿＿＿＿＿

●運動テスト（有・無）　（例）跳び箱・チームでの競争など

〈実施日〉＿＿月＿＿日〈時間〉＿＿時＿＿分　～　＿＿時＿＿分〈着替え〉□有　□無

〈出題方法〉□肉声　□録音　□その他（　　　　　）〈お手本〉□有　□無

〈試験形態〉□個別　□集団（　　　人程度）

〈会場図〉

〈内容〉

□サーキット運動

□走り　□跳び箱　□平均台　□ゴム跳び

□マット運動　□ボール運動　□なわ跳び

□クマ歩き

□グループ活動＿＿＿＿＿＿＿＿＿＿＿＿＿＿

□その他＿＿＿＿＿＿＿＿＿＿＿＿＿＿＿＿

●知能テスト・口頭試問

〈実施日〉 ＿＿月＿＿日 〈時間〉 ＿＿時＿＿分 ～ ＿＿時＿＿分 〈お手本〉□有 □無

〈出題方法〉 □肉声 □録音 □その他（　　　　　　） 〈問題数〉 ＿＿枚 ＿＿問

分野	方法	内　容	詳細・イラスト
（例） お話の記憶	☑筆記 □口頭	動物たちが待ち合わせをする話	（あらすじ） 動物たちが待ち合わせをした。最初にウサギさんが来た。次にイヌくんが、その次にネコさんが来た。最後にタヌキくんが来た。 （問題・イラスト）  ３番目に来た動物は誰か
お話の記憶	□筆記 □口頭		（あらすじ） （問題・イラスト）
図形	□筆記 □口頭		
言語	□筆記 □口頭		
常識	□筆記 □口頭		
数量	□筆記 □口頭		
推理	□筆記 □口頭		
その他	□筆記 □口頭		

●制作　（例）ぬり絵・お絵かき・工作遊びなど

〈実施日〉＿＿月＿＿日〈時間〉＿＿時＿＿分＿＿～＿＿時＿＿分

〈出題方法〉□肉声 □録音 □その他（　　　　　）〈お手本〉□有 □無

〈試験形態〉□個別 □集団（　　　人程度）

材料・道具	制作内容
□ハサミ □のり（□つぼ □液体 □スティック） □セロハンテープ □鉛筆 □クレヨン（　色） □クーピーペン（　色） □サインペン（　色）□ □画用紙（□ A4 □ B4 □ A3 □その他：　　　　） □折り紙 □新聞紙 □粘土 □その他（　　　　）	□切る □貼る □塗る □ちぎる □結ぶ □描く □その他（　　　　） タイトル：＿＿＿＿＿＿＿＿＿＿

●面接

〈実施日〉＿＿月＿＿日〈時間〉＿＿時＿＿分＿＿～＿＿時＿＿分〈面接担当者〉＿＿名

〈試験形態〉□志願者のみ（　）名 □保護者のみ □親子同時 □親子別々

〈質問内容〉

※試験会場の様子をご記入下さい。

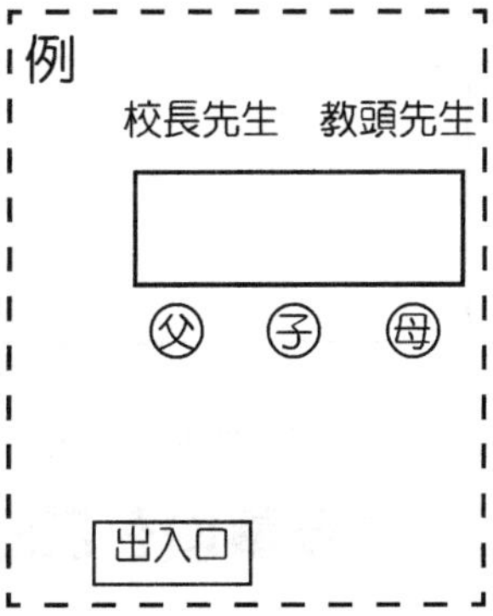

□志望動機　□お子さまの様子

□家庭の教育方針

□志望校についての知識・理解

□その他（　　　　　　　　）

（詳　細）

・

・

・

・

●保護者作文・アンケートの提出（有・無）

〈提出日〉□面接直前　□出願時　□志願者考査中　□その他（　　　　　　）

〈下書き〉□有　□無

〈アンケート内容〉

（記入例）当校を志望した理由はなんですか（150 字）

●説明会（□有　□無）〈開催日〉　　月　　日〈時間〉　　時　　分　～　　時　　分

〈上履き〉 □要　□不要 〈願書配布〉 □有　□無 〈校舎見学〉 □有　□無

〈ご感想〉

●参加された学校行事（複数回答可）

公開授業〈開催日〉　　月　　日〈時間〉　　時　　分　～　　時　　分

運動会など〈開催日〉　　月　　日〈時間〉　　時　　分　～　　時　　分

学習発表会・音楽会など〈開催日〉　　月　　日〈時間〉　　時　　分　～　　時　　分

〈ご感想〉

※是非参加したほうがよいと感じた行事について

●受験を終えてのご感想、今後受験される方へのアドバイス

※対策学習（重点的に学習しておいた方がよい分野）、当日準備しておいたほうがよい物など

＊＊＊＊＊＊＊＊＊＊＊＊＊　ご記入ありがとうございました　＊＊＊＊＊＊＊＊＊＊＊＊＊

必要事項をご記入の上、ポストにご投函ください。

なお、本アンケートの送付期限は入試終了後３ヶ月とさせていただきます。また、入試に関する情報の記入量が当社の基準に満たない場合、謝礼の送付ができないことがございます。あらかじめご了承ください。

ご住所：〒

お名前：　　　　　　メール：

ＴＥＬ：　　　　　　ＦＡＸ：

ご記入頂いた個人に関する情報は、当社にて厳重に管理致します。弊社の個人情報取り扱いに関する詳細は、www.nichigaku.jp/policy.php の「個人情報の取り扱い」をご覧下さい。

家庭学習をトータルサポート！ ニチガクの **オリジナル 効果的 学習法**

1 まずは アドバイスページを読む！

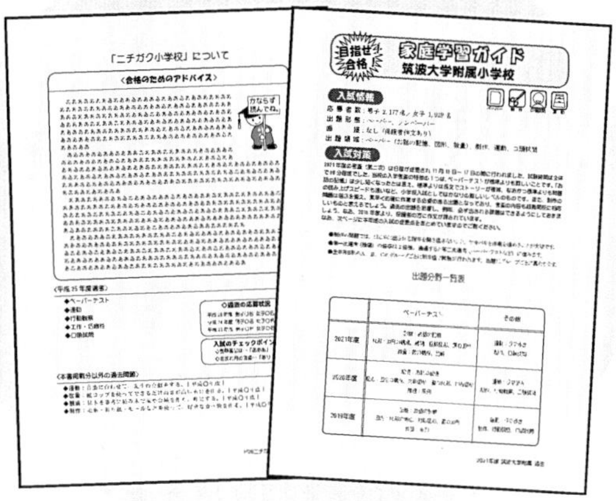

対策や試験ポイントがぎっしりつまった「家庭学習ガイド」。分野アイコンで、試験の傾向をおさえよう！

過去問のこだわり

ピンク色です

最新問題は問題ページ、イラストページ、解答・解説ページが独立しており、お子さまにすぐに取り掛かっていただける作りになっています。
ニチガクの学校別問題集ならではの、学習法を含めたアドバイスを利用して効率のよい家庭学習を進めてください。

各問題のジャンル

問題7 分野：図形（図形の構成） Aグループ男子

〈解答〉 下図参照

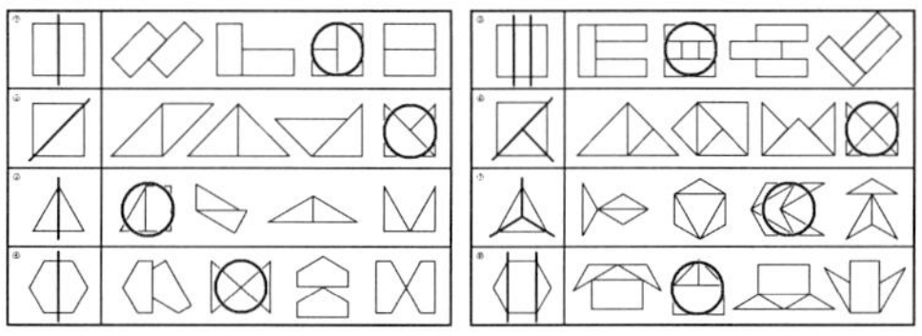

図形の構成の問題です。解答時間が圧倒的に短いので、直感的に答えないと全問答えることはできないでしょう。例年ほど難しい問題ではないので、ある程度準備をしたお子さまなら可能のはずです。注意すべきなのはケアレスミスで、「できないものはどれですか」と聞かれているのに、できるものに○をしたりしてはおしまいです。こういった問題では基礎とも言える問題なので、もしわからなかった場合は基礎問題を分野別の問題集などでおさらいしておきましょう。

【おすすめ問題集】
★筑波大附属小学校図形攻略問題集①②★（書店では販売しておりません）
Jr・ウォッチャー9「合成」、54「図形の構成」

2 問題をすべて読み、出題傾向を把握する

3 「学習のポイント」で学校側の観点や問題の解説を熟読

4 はじめて過去問題にチャレンジ！

5 プラスα 対策問題集や類題で力を付ける

学習のポイント

各問題の解説や学校の観点、指導のポイントなどを教えます。
今日から保護者の方が家庭学習の先生に！

おすすめ対策問題集

分野ごとに対策問題集をご紹介。苦手分野の克服に最適です！
＊専用注文書付き。

2022年度版 大阪教育大学附属 平野小学校 ステップアップ問題集

発行日 2021年11月30日
発行所 〒162-0821 東京都新宿区津久戸町 3-11-9F
日本学習図書株式会社
電 話 03-5261-8951 ㈹

ISBN978-4-7761-5387-0
C6037 ¥2000E

定価 2,200円
（本体 2,000円＋税 10%）

9784776153870
1926037020004